FAÇA A COISA
certa

Editora Appris Ltda.
1.ª Edição - Copyright© 2024 do autor
Direitos de Edição Reservados à Editora Appris Ltda.

Nenhuma parte desta obra poderá ser utilizada indevidamente, sem estar de acordo com a Lei nº 9.610/98. Se incorreções forem encontradas, serão de exclusiva responsabilidade de seus organizadores. Foi realizado o Depósito Legal na Fundação Biblioteca Nacional, de acordo com as Leis nos 10.994, de 14/12/2004, e 12.192, de 14/01/2010.

Catalogação na Fonte
Elaborado por: Josefina A. S. Guedes
Bibliotecária CRB 9/870

T315f 2024	Terceiro, João Adolfo Faça a coisa certa / João Adolfo Terceiro. – 1. ed. – Curitiba: Appris, 2024. 90 p. ; 21 cm. ISBN 978-65-250-5801-6 1. Oportunidade. 2. Autorrealização (Psicologia). I. Título. CDD – 158.1

Editora e Livraria Appris Ltda.
Av. Manoel Ribas, 2265 – Mercês
Curitiba/PR – CEP: 80810-002
Tel. (41) 3156 - 4731
www.editoraappris.com.br

Printed in Brazil
Impresso no Brasil

João Adolfo Terceiro

FAÇA A COISA
certa

Appris *editora*

FICHA TÉCNICA

EDITORIAL
Augusto Coelho
Sara C. de Andrade Coelho

COMITÊ EDITORIAL
Ana El Achkar (UNIVERSO/RJ)
Andréa Barbosa Gouveia (UFPR)
Conrado Moreira Mendes (PUC-MG)
Eliete Correia dos Santos (UEPB)
Fabiano Santos (UERJ/IESP)
Francinete Fernandes de Sousa (UEPB)
Francisco Carlos Duarte (PUCPR)
Francisco de Assis (Fiam-Faam, SP, Brasil)
Jacques de Lima Ferreira (UP)
Juliana Reichert Assunção Tonelli (UEL)
Maria Aparecida Barbosa (USP)
Maria Helena Zamora (PUC-Rio)
Maria Margarida de Andrade (Umack)
Marilda Aparecida Behrens (PUCPR)
Marli Caetano
Roque Ismael da Costa Güllich (UFFS)
Toni Reis (UFPR)
Valdomiro de Oliveira (UFPR)
Valério Brusamolin (IFPR)

SUPERVISOR DA PRODUÇÃO
Renata Cristina Lopes Miccelli

PRODUÇÃO EDITORIAL
Miriam Gomes

REVISÃO
Katine Walmrath

DIAGRAMAÇÃO
Renata Cristina Lopes Miccelli

CAPA
Carlos Pereira

AGRADECIMENTOS

Gratidão à minha família e amigos que me ajudaram em minha jornada a aprender a fazer as coisas certas, sem prejudicar ninguém.

PREFÁCIO

Ao ler o título desta obra, *Faça a coisa certa*, do ilustre escritor João Adolfo Terceiro, logo me remete a refletir sobre a importância do CERTO.

Realmente existe CERTO ou ERRADO?

O certo e o errado tornam-se conceitos vagos que variam de pessoa para pessoa, de acordo com sua cultura e criação. Tudo se torna uma questão de ponto de vista e circunstância. Pessoas de caráter fazem a coisa certa não porque acham que isso vai mudar o mundo, mas porque elas se recusam a serem mudadas pelo mundo.

Quem decide por fazer A COISA CERTA será uma pessoa melhor, o caráter é o que define a personalidade e a índole de uma pessoa.

Os seus valores e firmeza moral definem a coerência das suas ações, do seu procedimento e comportamento. Se temos a oportunidade, podemos e devemos aprender com os erros e acertos dos outros, no caso aqui de Guilherme.

A vontade de ver e fazer acontecer, a curiosidade, a humildade, a necessidade, a esperteza, a sabedoria, inovar, ao observar e analisar as experiências e caminhos trilhados, nos permite evitar cometer os mesmos equívocos e alcançar resultados melhores do que aqueles que já tentaram antes de nós.

Boa Leitura e FAÇA A COISA CERTA!

José Antonio Gutierrez Pereira

Sócio da Nova Aliança Contábil S/S

Companheiro leão do Lions Centro SP

SUMÁRIO

CAPÍTULO I
CONHECENDO GUILHERME.. 11

CAPÍTULO II
LIÇÕES DA PANDEMIA 19

CAPÍTULO III
APRENDENDO DA PIOR FORMA.. 27

CAPÍTULO IV
OPORTUNIDADES ONDE MENOS SE ESPERA................................. 37

CAPÍTULO V
UMA CONVERSA FRANCA
COM TIO GABRIEL... 44

CAPÍTULO VI
CONECTANDO NEGÓCIOS 51

CAPÍTULO VII
APRENDENDO A FAZER O BEM 58

CAPÍTULO VIII
AJUDANDO DE CORAÇÃO ABERTO 64

CAPÍTULO IX
APRENDENDO E PROGREDINDO... 71

CAPÍTULO X
MELHORES RESULTADOS.. 77

CAPÍTULO I

CONHECENDO GUILHERME

Guilherme sempre foi meio maluco para os padrões da sociedade atual. Para muitos é um porra-louca, para outros um maluco e para outros tantos uma pessoa normal que vê o mundo de forma diferente das demais. Sempre falou muito e sobre todos os assuntos e tem suas posições formadas e, por ser questionador, muitos não confiavam ou gostavam do seu jeito. Mas o achavam uma pessoa de bom coração e que sempre procurava ajudar as pessoas do seu jeito.

Alto, moreno, forte, barbudo e ainda com cabelo, enquanto o restante da família são todos carecas, lembra muito seu pai e as semelhanças não ficam somente na aparência, o gênio e o modo de falar e de se expressar é uma cópia fiel. Sempre foi muito ligado à família, aproveitando a companhia dos pais e irmãos.

Teve uma infância simples, mas muito feliz, podendo usufruir da companhia dos amigos e dos familiares, principalmente seus avôs, que sempre lhe ensinaram muitas coisas.

Simples porque brincava na rua com os amigos, sempre com diversas brincadeiras que envolviam toda a turma e isso era maravilhoso, situação que as crianças de hoje em dia não conseguem mais vivenciar. Tinha lá seus perigos, como brincar no meio da rua e ser atropelado por um carro ou mesmo cair e se machucar, ficando todo ralado.

Nessas brincadeiras aprendeu o real valor da amizade e o que ela representava em sua vida. Foi uma época muito feliz e até hoje mantinha amizade com alguns dos amigos daquela época.

Essas amizades eram importantes para Guilherme, pois sempre traziam muitas recordações boas e que o deixavam contente, pois aprontavam muito e se divertiam muito no início da adolescência.

Estudou em escolas públicas e sempre foi bom aluno, procurando aprender tudo que podia; por ser questionador, os professores gostavam dele, pois envolvia a turma toda em conversas sobre a matéria, o que ajudava o professor a ensinar mais facilmente.

Sua mãe se esforçou e o colocou em uma escola de inglês, em que Guilherme aprendeu muito bem o idioma, e faz uso dele até os dias atuais.

Seus avôs, que já fizeram a passagem para o mundo espiritual, foram importantes em sua vida, pois — como seus pais trabalhavam o dia todo — eram eles que cuidavam dele e de seus irmãos, o que foi fundamental na sua educação. Vô Leal era muito exigente em relação às pronúncias corretas e isso foi decisivo para que Guilherme pudesse aprender outras línguas, já que tinha pleno domínio do português e dicção muito boa.

Vô Leal, mesmo morando em outro bairro, muitas vezes ia até a casa de Guilherme "passar os olhos nos meninos", como gostava de falar. Por ser um avô muito amado, a sua doença pegou todos de surpresa, pois sempre foi uma pessoa que se cuidou muito, tanto mentalmente quanto fisicamente. Então, o mal de Alzheimer foi chegando devagarinho, ninguém percebeu os sinais; um dia ligaram para o pai de Guilherme avisando que o avô estava distribuindo dinheiro. Ronaldo, pai de Guilherme, correu para o local e encontrou o pai desnorteado, a muito custo o levou ao médico, que fez diversos exames e constatou a doença.

Vô Leal passou os últimos anos em uma casa de repouso especializada em tratamento de pessoas com essa doença, que além do esquecimento traz momentos de violência. Assim, com uma equipe preparada, puderam cuidar muito bem dele até seu desencarne.

O avô Chico ficava descascando laranjas para os netos e cuidava deles da melhor forma possível, sempre contando as histórias da família, principalmente para que não cometessem erros que pudessem prejudicar as pessoas em sua volta. Morou algum tempo na casa de Guilherme e depois se mudou para uma cidade pequena no norte do Paraná, para ficar próximo do irmão, que tinha se mudado para lá. O tio de Guilherme comprou uma casa para o pai poder morar lá e até o seu desencarne viveu bem nessa cidade.

As avós ainda estavam vivas e bem de saúde. Avó Lydia morava na praia, já que suas duas filhas mulheres lá também moravam, e tinha se adaptado bem a essa vida tranquila e sem correria. Vó Maria morava com a tia Silvana, irmã de Silvia, mãe de Guilherme, e estava muito bem de saúde.

Seus irmãos eram gêmeos e se davam bem: Renato e Gabrielle eram muito estudiosos e estavam se formando na faculdade, ele em ciências contábeis e ela em biomedicina.

Guilherme muito jovem viajou pelo mundo trabalhando em navios de cruzeiro marítimo, conheceu novas pessoas com quem mantém contato até hoje, e isso sempre lhe abriu portas para ter um conhecimento melhor, e com isso sempre procurou se aperfeiçoar. Aprendeu outras línguas e costumes, e isso foi importante.

O principal é que conheceu culturas diferentes da brasileira e pôde ver como o mundo é diferente; somos tão parecidos, mas diferentes em tantos aspectos, e a cultura varia de região para região. Fez amigos de outras nacionalidades e pôde aprender muito com isso, cada país tem seus costumes e tradições, e nas viagens pôde parar em alguns países e ver isso de perto.

No início não foi fácil essa aventura de trabalhar nos navios, que na realidade parecem cidades de tantas pessoas que tem dentro deles; aliás, em alguns casos tem mais pessoas que algumas cidades do nosso querido país.

Passou por tempestades em alto-mar, visitou muitos locais que tinha visto nos livros de história quando estudava e como bom filho de Deus acabou aproveitando a vida também.

Foi morar no exterior, experiência de grande importância em sua vida, para seu aprendizado, tanto nas áreas profissionais quanto na vida pessoal, onde pôde sentir a falta da família, aquele carinho que só a nossa querida família pode nos transmitir.

Aprendeu a se virar sozinho no exterior, melhorou seu idioma e pôde aprender uma cultura que se parece com a nossa, mas na realidade é muito diferente, com pessoas frias e que sempre te olham com desconfiança.

Quando voltou ao Brasil, viu que o mundo era complicado, não por ele mesmo, mas sim pelas pessoas que nele habitam.

Sentiu necessidade em certa altura da vida de ficar em um porto seguro, trabalhando no que gosta e desenvolvendo projetos que tinha em mente durante muito tempo.

Sempre foi contestador e sentia necessidade de mudar o mundo à sua volta, mesmo sabendo que seria difícil, mas não impossível.

Hoje, com a evolução tecnológica, com tudo em torno da internet e um simples celular em sua mão, todos podem mudar pequenas coisas no mundo em nossa volta, e Guilherme vendo isso sentiu necessidade de fazer alguma coisa.

Em 2020 chegou a pandemia, todos em home office, e ele pensou no que poderia fazer para ajudar as pessoas em sua volta, e decidiu convidar a todos para reuniões online sempre às 18 horas de segunda a sexta-feira, pois sentiu a necessidade das pessoas de se conectar às demais e poder trocar ideias sobre a vida ou negócios, e principalmente ter oportunidade de ter companhias virtuais para desabafar ou trocar ideais sobre o momento por que estavam passando.

Observem que a pandemia não pegou o mundo de surpresa, o que foi surpresa foi a decisão de muitos governos que optaram pela quarentena e de um dia para outro mandaram todas as empresas fecharem as portas e começarem a trabalhar em home office. Mas fica uma pergunta sem resposta até hoje, será que todas as empresas estavam preparadas para isso?, e principalmente: os empregados estavam preparados para trabalhar de casa?, pois mesmo todos tendo acesso à internet em casa, será que o seu pacote de assinatura conseguiria acessar todos os sistemas, programas e sites que acessavam quando estavam na empresa?

Guilherme foi um desses casos que foi trabalhar em home office. No início, se sentindo incomodado com sua situação, resolveu chamar alguns amigos para conversar online. Foi quando teve a ideia de convidar as pessoas de sua família, amigos e parceiros de networking para todos os dias participarem das reuniões.

Isso foi fundamental para que algumas pessoas conseguissem ter uma quarentena mais suave e com menor risco de depressão ou ansiedade, pois tinham pessoas para desabafar, trocar experiências e se descontrair um pouco. Tudo isso foi importante para que pudessem ver uma nova perspectiva do que estava acontecendo no mundo naquele momento.

Mas com a chegada das vacinas e a vacinação em massa da população a vida foi voltando ao normal e todos puderam voltar aos trabalhos presenciais, mesmo tendo alguns que preferiram se manter no home office para redução de custos e lições que tiraram da pandemia.

Hoje muitas empresas trabalham no sistema híbrido, que permite que os empregados principalmente possam ficar em casa e se desgastar menos com o deslocamento no percurso entre residência e empresa, mas nem todas as empresas entenderam que era o melhor, algumas ficaram cem por cento online e outras no presencial. Mudança que uma pandemia trouxe e que deve permanecer por um bom tempo ainda.

Guilherme resolveu empreender nesse meio-tempo, montou uma agência de marketing e criação de vídeos animados para empresas. Iniciar um novo negócio não é fácil, mas tinha apoio da família e dos amigos, e foi em frente.

Como todo início, não foi fácil, mas com o passar do tempo foi fechando diversos projetos e acabou tendo sucesso, até antes do que esperava. Teve que aprender que o mundo não é para os fracos e que é preciso trabalhar muito para ter sucesso.

Aprendeu que acreditar em promessas é complicado, já que muitos que deram apoio para que ele começasse seu negócio nunca fecharam ou indicaram nenhuma oportunidade para a empresa que constituiu. Teve casos de pessoas que foram e gravaram um vídeo e não pagaram a empresa, e isso deixou um rombo no caixa de Guilherme.

Mas com persistência e ajuda de poucas pessoas, trabalhou muito e atingiu o êxito profissional que tanto almejava. Foram tempos sombrios, mas que logo foram clareando, pois foi fechando um novo projeto atrás de outro e logo estava com muitos clientes satisfeitos e que indicavam outros, que conheciam o espaço e fechavam negócio.

Conheceu Pamela em uma sessão de fotos em sua agência e logo começaram a namorar; já fazia dois anos isso e estavam muito felizes e planejando um casamento, sem pressa, como costumavam falar.

Pamela inclusive teve papel importante em vários projetos que Guilherme fechou, pois utilizou seus contatos como modelo para que outras profissionais utilizassem o espaço e pudessem assim ajudar Guilherme a desenvolver melhor seu negócio. Ele nunca aceitou ajuda financeira dela em hipótese alguma, pois enquanto namoram é melhor separar as coisas, nesse ponto os dois se entendiam muito bem e se respeitavam, ainda mais nesse momento em que ela ganhava muito mais que ele.

Pamela, mesmo tendo posado para diversas campanhas publicitárias de marcas famosas e tendo ganhado um bom dinheiro, era focada e não desperdiçava dinheiro com bobeiras. Tinha comprado dois apartamentos e uma casa, em que seus pais residiam, na cidade em que nasceu, Treze Tílias, em Santa Catarina, e andava com um carro comum, não esses de marcas famosas que muitas modelos gostavam de desfilar por aí. Ela sabia que a carreira era curta, e por isso procurava sempre manter uma reserva para quando se aposentasse.

Pamela gostaria de abrir uma loja no futuro e esse projeto estava sendo tratado a sete chaves, conhecia diversos designers de roupas e equipe de costuras que poderiam ajudá-la no início com marca própria. Mas isso seria para um futuro ainda um pouco longe. Já tinha viajado para diversos lugares do mundo, conhecido pessoas famosas e mesmo assim continuava humilde, um dos fatores que chamaram atenção de Guilherme, que por conviver com muitas modelos já tinha trabalhado com algumas esnobes.

Guilherme aproveitou toda a ajuda de Pamela e com os novos trabalhos pôde ir melhorando cada vez mais a sua agência e logo pensava em mudar para um local mais amplo e acessível para atrair mais público para seu negócio.

Inclusive durante a pandemia ela o ajudou muito apresentando alguns profissionais que utilizavam seu estúdio, para fotos principalmente.

Ela o incentivou a fazer as reuniões durante a pandemia, entendendo que ele podia ajudar diversas pessoas que estavam ansiosas ou depressivas em casa e fazer as reuniões online, mas principalmente para fechar negócios com essas pessoas, mesmo no modo virtual, mais uma oportunidade que ele pegou em meio ao caos que todos estavam vivendo e soube aproveitar.

Como seu tio Gabriel e a pessoa que aprendeu a considerar, mais do que um amigo, um irmão: Sr. Wellington, mesmo não conseguindo chamá-lo de você, por educação, sempre falaram para ele: a oportunidade está onde menos se espera.

Por ser inteligente e aprender rápido, Guilherme sempre ouviu conselhos e soube separar o joio do trigo e com isso acabou abrindo novos horizontes tanto em seu jeito de pensar como de ser e isso foi importante para que ele pudesse sempre fazer a coisa certa.

CAPÍTULO II

LIÇÕES DA PANDEMIA

Guilherme foi um dos que foram pegos de surpresa pela pandemia, pois pensou que seria uma coisa passageira e que não precisaria se preocupar, mas não era bem assim. Viu seu tio Gabriel preparando parte da equipe para ir para o home office e achou bobeira, **já que a vida** iria continuar normalmente.

Seu tio preparou parte da equipe na segunda-feira e avisou a todos que iriam trabalhar de casa por um período devido às notícias que estavam saindo na imprensa, mas a situação era um pouco mais complicada do que parecia e na quinta-feira após o almoço resolveu colocar todos os 30 empregados em home office, para preservar todos deste vírus que estava causando muitas mortes no mundo todo.

Não foi fácil colocar todos em home office, preparar os equipamentos e deixar a telefonia móvel preparada para receber as ligações dos clientes que iriam ser transferidas via aplicativo da central do escritório. Além disso alguns funcionários tiveram problemas com infraestrutura, internet precária e espaço não adequado para trabalhar em casa, mas infelizmente era o que tinha que ser feito naquele momento.

Além do mais, seu tio ficou atento em que poderia ajudar seus clientes dando suporte em tudo que conseguisse e conversou com um a um para saber se poderia fazer mais alguma coisa.

Em alguns casos viu que o cliente não conseguiria pagar os honorários do escritório e bonificou a todos que solicitaram. Inclusive seu tio conta que foi surpreendido por um cliente que pediu um desconto nos honorários, o que foi feito sem problemas, mas o cliente surpreendeu novamente no terceiro mês de isolamento, avisando para suspender o desconto e cobrar os valores que tinham sido concedidos anteriormente. O tio de Guilherme achou o gesto de honestidade do cliente um alento no meio de tantas notícias ruins que estavam vendo, de forma que chegou à conclusão de que a empresa teve o faturamento atingido pela situação que a pandemia trouxe, mas o impacto foi menor do que ele esperava.

Logo as indústrias convocaram os empregados para o retorno presencial, com todos os cuidados necessários para que ninguém contraísse o vírus e principalmente não contaminasse os demais. Todo cuidado era pouco, porque as informações eram contraditórias e nem a medicina do trabalho tinha certeza do que fazer.

Guilherme, que tinha iniciado as atividades de sua empresa um pouco antes da pandemia, sentiu que houve uma queda nos serviços inicialmente, mas com o passar do tempo foi voltando ao normal. Ele mesmo ficou alguns dias somente pesquisando na internet, pois não tinha o que fazer o dia todo.

Mas tudo foi voltando ao normal aos poucos e ainda bem que durante a pandemia ele estudou e fez diversos cursos na área da tecnologia e assim pôde melhorar e trazer mais oportunidades para seu negócio.

Claro que inicialmente contou com a ajuda do seu tio, que conhecia muitas pessoas e pôde apresentar a empresa para que os clientes e parceiros fizessem projetos com Guilherme.

Mesmo assim não foi fácil começar do zero esse projeto, comprar equipamentos, investir em locação e reforma do espaço e divulgar em diversas redes sociais os serviços para começar a ter um retorno.

— Tio Gabriel, **não pensei que** fosse **tão difícil começar um negócio aqui no Brasil.**

FAÇA A COISA CERTA

— Guilherme, **já foi muito pior**; algum tempo atrás, para abrir uma empresa de serviços como a sua, demorava quase dois meses; imagine para abrir uma indústria o tempo que demorava.

— **É muito burocrátic**a essa parte no Brasil, teria que acelerar esse processo e assim gerar mais empregos.

— Concordo com você em termos, porque não é tão simples assim. Cada município tem sua legislação e são eles que d**ão o habite-se para os imóveis, que significa que os imóveis estão em condições de uso para aquela atividade, além de ter a lei de zoneamento**, que permite empresas em determinadas áreas das cidades, por isso que tem horas que é um pouco mais complicado.

— Mas não teria como unificar esses serviços e todos os imóveis estarem em um cadastro único?

— Guilherme, vamos pegar São Paulo como exemplo, a cidade cresceu sem um planejamento e muitos imóveis aqui não têm habite-se ou nem a planta baixa, as pessoas compravam os terrenos e outras invadiram e foram construindo sem ajuda de um engenheiro ou arquiteto e não pensaram nos documentos. E sim em morar e sair do aluguel.

— Mas a prefeitura não via as construções para exigir o cumprimento das normas, como planta, habite-se e tudo o mais que era necessário?

— Guilherme, eram outras épocas, fiscais que davam jeitinho ou cidadãos que procuravam o jeitinho brasileiro e não faziam as coisas corretas por serem muito caras na **época. Hoje são caras, mas todos facilitam a forma de pagamento e assim todos procuram ter a documentação correta.**

— Nossa, é complicado, e será que todas as empresas têm a documentação correta do imóvel?

— Guilherme, menos de 10% das empresas têm alvará de funcionamento em São Paulo, isso se deve a haver muitos imóveis irregulares ainda. Quando sai uma anistia aqui na cidade, muitos cidadãos correm para regularizar seus imóveis e tantos outros não se preocupam com nada.

— Mas agora que está tudo pronto, tio, vou me dedicar muito para criar mais oportunidades e quem sabe logo terei alguns empregados ou parceiros trabalhando aqui comigo.

— **É isso mesmo**, Guilherme, pensar positivo e não desistir nos primeiros obstáculos. Se fosse fácil, todos teriam empresa e ganhariam muito dinheiro, mas são poucos que são corajosos e enfiam a cara em empreender.

— Estou vendo isso na pele, tio, tudo no início é muito difícil. Tem que pesquisar bem para comprar os equipamentos; nossa, tem tanta diferença de preços e qualidade.

— Guilherme, uma das primeiras lições que um empreendedor tem que ter é sobre custos, tanto para comprar máquinas e equipamentos como para ter a sede do jeito que gostaria e tudo o mais. Se sair gastando sem noção, o dinheiro acaba e o empreendimento empaca.

— Sim, eu senti isso na pele. Se fosse comprar no impulso, teria gastado muito dinheiro e pesquisando economizei bastante.

— Sim, isso é fundamental, e precisa ter cuidado com os investimentos, comprar o que precisa e não se deixar levar pela empolgação e comprar o que não precisa no momento.

— Tio, a sua empresa está chegando aos cinquentas anos, como é essa sensação?

— Guilherme, em um país onde a maioria das empresas não dura mais que dois anos, chegar aos cinquenta é motivo de orgulho, sinal de trabalho bem feito e de persistência.

— O senhor tem quarenta anos de empresa, começou então com 14 anos?

— Na realidade comecei com treze anos e completei quatorze no mesmo ano. Iniciei minha jornada em 23 de maio de 1983 como office-boy, andava pela cidade toda de ônibus, metrô e trem todos os dias conhecendo novos lugares e indo em todos os clientes do escritório. Tempo bom.

— E como chegou a dono do escritório?

— Guilherme, fui aprendendo, **já que trabalhei em todas as áreas do escritório e**, mesmo estudando à noite, ia aos sábados finalizar meus trabalhos, e meu patrão reconheceu meus esforços e me deu uma participação pequena na sociedade.

— Tio, é uma história de sucesso, com certeza.

— Sim, era outra época, tínhamos iniciado o trabalho com os computadores e softwares, que invadiram de uma hora para outra nosso mercado, tornando obsoletos os que não acompanham as mudanças. Hoje são tantos sistemas que procuram facilitar a vida do empresário e temos que saber utilizá-los.

— Sim, eu mesmo tive que aprender a trabalhar com o ERPCONECTA, um sistema financeiro e para emissão de notas, muito bom.

— Sim, ele é completo e agrega valor à sua empresa, já que as informações estão sempre na mão e atualizadas.

— Tio, eu acompanhei a correria para colocar seu pessoal em home office, como foi isso?

— Guilherme, **não foi fácil**; em uma sexta anterior estávamos todos nos abraçando no almoço do Conecta; na segunda lendo o jornal resolvi colocar dezenove funcionários em home office e estávamos preparando tudo quando, lendo mais notícias, na quinta cedo, dia 19 de março, informei ao setor de TI que todos iriam para home office. No início foi uma correria total, pois todos foram pegos de surpresa, mas tinha que pensar no bem-estar e na segurança deles. Já pensou se obrigo eles a ficarem no presencial e algum acaba pegando a covid e falece, deixando família e filhos pequenos. Não suportaria essa culpa.

— **É verdade, nem atentei** a que estávamos na sexta, dia 13 de março, no almoço do Conecta e na outra semana, no sábado, o governador decretou quarentena, pegando todos de surpresa.

— Sim, não vamos entrar no mérito se ele fez certo ou errado, mas era um momento em que estávamos sem informações reais e concretas do que estava acontecendo e era o que tínhamos no momento.

— Sim, muitas pessoas se arriscaram em baladas e levaram o vírus para casa, contaminando a família, isso é um absurdo.

— Concordo, tem muitas pessoas que ligaram o foda-se e só pensaram nelas. Esqueceram que se estivessem contaminadas poderiam contaminar todos em sua volta, pais, irmãos e outros parentes que morassem junto.

— **É**, tio, eu mesmo fiquei sabendo de alguns amigos que ficavam no clube de motoqueiros fazendo churrasco e reuniões e não se preocupavam com nada.

— Guilherme, foi um momento estranho da humanidade, já que estávamos passando por uma pandemia e os artistas ficavam postando em suas redes sociais que estavam viajando de lá para cá e aí ficavam gritando fiquem em casa, ou seja, vocês fiquem em casa enquanto nós passeamos.

— Tio, foi uma época estranha mesmo, ainda bem que me deu aquela ideia de fazer a reunião familiar online, foi muito boa, e depois comecei a fazer com o pessoal do CONECTA e alguns amigos e foi muito bom.

— Verdade, Guilherme, eu fiz várias reuniões online com clientes, parceiros e fechei muitos negócios assim, ainda faço, pois aprendi a valorizar meu tempo e o do cliente. Antes atravessava a cidade para uma reunião de meia hora, e passava quase duas horas no trânsito maluco de São Paulo. Hoje procuro fazer as reuniões online e em poucos casos vou no presencial.

— Tio, a tecnologia veio para ficar e todos devem aprender a utilizar, eu mesmo com este trabalho nas redes sociais que faço para os clientes tenho que aprender todo dia, já que saem atualizações quase que diárias e temos que ver a melhor forma de atender os clientes.

— Isso mesmo, Guilherme, é como aqui na empresa, preciso estar sempre acompanhando as mudanças na legislação, para que não seja pego de surpresa e possa causar prejuízo aos meus clientes.

— E temos que acompanhar a mudança do mercado. Eu li que o setor contábil iria acabar, ser substituído por sistemas e pelo site de busca, mas pelo que vejo não é verdade. Todos precisam conversar com o contador e verificar a melhor forma tributária para sua empresa.

— Guilherme, vamos deixar esse assunto de negócios para outro dia e ir comer uma pela pizza na Pizzaria Ideal aqui perto? Vou avisar o pessoal do Conecta, quem sabe alguns venham e podemos ter uma noite divertida.

— Claro, tio, e assim podemos falar de assuntos mais tranquilos como famílias, futebol ou da vida mesmo.

Os dois saíram para a pizzaria, logo chegaram os amigos do Conecta e ficaram conversando sobre diversos assuntos. Como eram mais amigos que empreendedores nesse momento, as brincadeiras e piadas correram soltas.

José Antônio, Wellington, Lourenço e Roberto estavam sempre juntos e se encontravam toda semana, começaram isso logo quando as regras da pandemia foram afrouxadas e sempre convidaram todos os conectados para irem no encontro. Isso os ajudava a refrescarem a mente da correria do dia a dia e até na criação de novos negócios. Como eles gostavam de falar, isso é o espírito do CONECTA.

João Adolfo Terceiro

CAPÍTULO III

APRENDENDO DA PIOR FORMA

Guilherme, sendo teimoso por natureza, sempre procurou fazer tudo que tinha vontade e isso tem seu preço, pois tem horas que temos que respeitar as pessoas que estão em nossa volta e principalmente as opiniões delas.

Quando trabalhou com seu tio pela primeira vez, ouviu muito que tinha que estudar e se aperfeiçoar na área de tecnologia, que era a profissão futuro, e ele tinha jeito e aprendia fácil. Teve diversas oportunidades de se aperfeiçoar e sempre relutou, pois queria ser mecânico de autos, principalmente os de colecionadores, que sempre deveriam ter um tratamento especial, ou seja, não ouviu o seu tio e acabou dando voltas em diversas profissões.

Mas a vida tem seus caminhos, e o tio e um amigo, que depois virou seu sócio, resolveram criar um grupo de networking, o Conecta Business Networking, e como estavam precisando de uma pessoa para trabalhar as redes sociais e outros projetos do grupo, convidaram Guilherme para trabalhar nessa nova empreitada que estavam criando, ele aceitou e acabou se encontrando depois de girar o mundo na área profissional.

Depois de muito rodar o mundo e ter diversas profissões, finalmente se encontrou no mercado de tecnologia e com isso pôde abrir seus horizontes, sempre se aperfeiçoando e procurando melhorar seus serviços cada vez mais.

Mas isso não foi fácil, já que demorou para entender o que queria e o modo como queria; sempre é difícil ter a nossa visão de mercado e acompanhar as tendências, que mudam todos os dias devido à globalização e à evolução da tecnologia.

As redes sociais vieram para ficar em nossas vidas, a grande maioria das pessoas as utilizam de forma constante e temos que seguir as tendências desse mercado. Guilherme sempre procurou aprender muito, pois gosta de fazer as coisas de forma correta para agradar o cliente de primeira e com isso gerar mais *leads* em seus negócios.

Para fazer a coisa certa, ele aprendeu que em primeiro lugar tinha que conhecer o mercado em que o cliente atua, pesquisar e aprender um pouco sobre o negócio e o público que precisava ser atingido para ter sucesso nas campanhas. E isso se deve principalmente a ter ouvido conselhos de seu amigo Wellington Jorge, pessoa pragmática e objetiva que sempre procurou dar os toques para que Guilherme pudesse evoluir com seus negócios.

— Guilherme, se não conhecer seu cliente, não saberá o que ele quer, você pode achar que sabe ou que pode fazer do seu jeito, mas será que é o que o seu cliente pretende?

— Wellington, sei que tem horas que quero mostrar algo diferente para os clientes, e principalmente impor minhas vontades, é complicado ver o cliente querer algo diferente do que imaginamos.

— Sim, mas quem é que tem razão, você ou o cliente?

— Na minha opinião, os dois, sendo que sou o profissional e posso opinar, e ele sendo o cliente pode escolher o que gostar mais.

— Guilherme, você disse bem, pode opinar, mas não impor, isso você tem que melhorar, e muito, ainda. Vejo em alguns trabalhos seus o seu jeito de fazer, e não o que o cliente quer, tem que ouvir mais e deixar o cliente opinar.

— Sim, estou tentando melhorar esse meu lado.

— Guilherme, para fazer a coisa certa em sua vida profissional tem que aprender a ceder, isso é importante para você e para seus clientes, que vão confiar cada vez mais em seus serviços.

— Sim, meu tio sempre me fala isso, tento ouvi-lo, já que está há tanto tempo no mercado, só que não é fácil mudar assim de repente.

— Olha o programa que foi gravado no escritório do seu tio, antes de ir ao ar enviaram um arquivo para ele analisar e pôde assisti-lo diversas vezes até que percebeu um erro, trocou mensagens com a produtora e tudo foi acertado para ser colocado no programa na forma correta.

— Sim, meu tio me falou disso, e pior que ele me mandou o arquivo para ver e não observei o erro, e ele observou.

— Viu, é isso que estou te falando, ele olhou com olhos de consumidor e cliente, e a produtora fez a parte dela, alterou o vídeo antes do programa ir ao ar.

— Sr. Wellington, o senhor e o meu tio são importantes em minha vida, pois sempre estão me dando dicas para melhorar e contratam meus serviços para fazer diversos programas, por isso que conto com você para me aperfeiçoar.

— Todos os membros do grupo Conecta gostam muito de você, e sei que muitos já fizeram trabalhos com sua empresa, mas abra os horizontes e sempre fique atento ao seu redor para que não deixe oportunidades de negócios passarem.

— Eu valorizo as pessoas do Conecta, pois comecei meu próprio negócio dentro do grupo, foi aqui que tive meus primeiros clientes e hoje tenho diversos clientes que me conheceram nas redes sociais ou foram indicados por parceiros.

— Sim, vai afinando seu jeito de atender os clientes, observe mais e fale menos, tenha um questionário pronto para perguntar e tirar todas as dúvidas sobre que o cliente deseja, rascunhe o projeto antes de ir fazendo, veja a melhor forma de abordar o tema e procure sempre observar o que os concorrentes, tanto seus quanto dos seus clientes, estão fazendo para aprender, não copiar, mas sim aprender.

— Nunca tinha pensado por esse lado, sempre quis fazer do meu jeito, e não ficar copiando.

— Guilherme, acabei de te falar agora, não é copiar, e sim observar da melhor forma possível o que está sendo feito no mercado. Observar é aprendizagem também.

— Entendi e vou procurar fazer isso, sim. No início não vai ser fácil, mas aos poucos vou aprendendo e irei me desenvolvendo.

— Observe tudo que está sendo feito, não é perda de tempo, e sim oportunidade de ver como o mercado está evoluindo, isso é importante em todas as áreas e temos que colocar como missão no nosso dia a dia.

— Sim, vou fazer isso e ir melhorando aos poucos, sei que não é fácil, mas vou fazer.

— Guilherme, a empresa do seu tio vai completar cinquenta anos e você já trabalhou lá, viu que seu tio fica antenado com o mercado, sempre procura investir dentro das condições financeiras dele e acompanhar tudo que está acontecendo, com isso pôde desenvolver a empresa e ter outros projetos que abrem portas.

— Sim, ele começou o Conecta dentro da empresa dele, convidando amigos e parceiros para que pudessem agregar mais negócios e oportunidades para todos, não somente para a empresa dele, isso abre relacionamentos, e ter uma grande rede de contatos é fundamental para fortalecer sua marca no mercado.

— Nossa, nem me fale, Sr. Wellington, o Conecta começou despretensioso e hoje está consolidado no mercado. Meu tio nem pensou na época que seria um grupo de networking, e sim um encontro de amigos, que acabou virando uma oportunidade de conhecer diversos parceiros.

— Isso mesmo, eu estava na primeira reunião e até levei convidados, que não emplacaram na nossa rede de relacionamentos, e com isso pudemos ir incluindo mais e mais pessoas que estavam querendo em primeiro lugar aumentar sua rede de contatos e depois fechar mais negócios.

— Sim, e tem pessoas que perdem oportunidades por não participarem dessas reuniões. Ficam perdendo tempo com redes sociais e não participam de nada, aguardando os negócios baterem em sua porta.

— Sim, isso é verdade, já aconteceu com pessoas próximas que indiquei, não compareceram nos eventos e perderam oportunidades de fechar negócios.

— Sr. Wellington, o senhor falou em fazer a coisa certa, mas cada um tem sua opinião e cada um tem um jeito de fazer as coisas.

— Isso mesmo, Guilherme, por isso faça um exercício simples e pergunte para as pessoas mais próximas, do seu dia a dia, o que eles consideram que é certo, se eles fazem as coisas de forma certa como querem e compile essas informações para ter um parâmetro e poder definir como fechar mais negócios.

— Mas as pessoas do meu dia a dia não vão fechar negócios comigo, se já convivem comigo e não fecharam até agora, acha que vão fechar agora?

— Será? Ou será que você não se apresenta direito para eles, e não ouve o que querem e quer fazer do seu jeito?

— Tem isso também.

— Guilherme, não é porque as pessoas são suas amigas ou parentes que devem fechar negócios com você ou sua empresa.

— Sim, já reparei isso. Outro dia um amigão do peito falou que contratou uma empresa para que não tivesse problemas comigo, pois achou que poderíamos discutir ou acabar a amizade.

— Viu? É isso que estou falando, o mundo mudou e temos que acompanhar essa mudança.

— Nossa, Sr. Wellington, por isso que adoro conversar com o senhor.

— Mas faça o que te falei, faça a coisa certa para que agrade seu cliente.

— Sim, vou melhorar meu atendimento e ouvir mais o cliente.

— Guilherme, aprenda que networking é uma via de mão dupla, pessoas vão te indicar e você deverá retribuir essas indicações, por isso que tem que atender todos bem e deixar os negócios fluírem.

— Gratidão, Sr. Wellington, vou ter que ir, pois tenho serviços para entregar e quero finalizar, mas antes vou enviar para o cliente ver se aprova.

— Excelente, faça isso mesmo e ouça seu cliente e os parceiros para aprender e ter mais oportunidades.

Guilherme saiu mais tranquilo depois de conversar com o Wellington e ainda estava pensando em como perguntar para as pessoas como fazer as coisas certas ou o que elas achavam que era certo para ele desenvolver o projeto. Ficou pensando naquilo por um bom tempo e logo pegou um livro para ler e tentar entender um pouco do assunto, *A Arte do Networking*, pois precisava se aperfeiçoar.

Naquele mesmo dia assistiu alguns vídeos em uma plataforma na internet, procurando aprender e se desenvolver, principalmente na necessidade de ouvir o cliente, que na realidade era o dono do projeto.

Viu que tinha cometido alguns erros mesmo sem querer e que precisava prestar mais atenção no modo de se apresentar e no linguajar para que os clientes pudessem entender mais facilmente o que queria passar referente aos projetos.

Chegando em casa foi conversar com seu pai, pessoa que era antenada a tudo que acontecia no mercado de trabalho, pois era um empresário com muitos anos de experiência e já tinha passado por apertos nesse período.

— Pai, o senhor antes foi empregado e depois passou a ser empreendedor, como foi essa transição?

— Guilherme, na minha época, que não é tão antiga assim como pensam, as coisas eram um pouco diferentes. A palavra de um homem valia mais que um contrato assinado e isso foi se perdendo com o passar dos anos.

— Mas hoje ainda tem pessoas que pensam e agem assim, sei que são poucas, mas tem.

— Eu sei, filho, mas o mundo mudou muito nos últimos anos, principalmente depois que a internet se espalhou e a tecnologia se propagou em todas as áreas, vou te dar um exemplo: seu tio, Rodolfo, que sempre foi excelente ferramenteiro, teve que fazer cursos de atualização para aprender a utilizar as novas máquinas que a empresa em que ele trabalha comprou, se não se atualizar perde o emprego.

— Sim, ele comentou comigo outro dia e disse que está gostando bastante desses cursos, pois sempre aprende novidades que consegue implantar no dia a dia do seu serviço.

— Sim, temos que sempre acompanhar o desenvolvimento, não só na nossa área de trabalho, como dos parceiros, pois ali pode nascer uma oportunidade que poderá gerar mais negócios para todos. Pense nisso e veja que se as grandes empresas não estivessem de olho em oportunidades teriam ficado para trás.

— Sim, hoje elas investem em diversos setores da economia e tem horas que têm participações em empresas que nem imaginamos. Olha o homem mais rico do mundo comprando uma rede social por bilhões de dólares, quando na realidade o negócio principal dele é fabricar carro elétrico.

— Isso, filho, e olha que ele não é uma pessoa fácil, pelo que li é uma pessoa de difícil trato, tanto que nem os filhos querem manter contato com ele, e mesmo assim é o homem mais rico do mundo, mas é antenado ao mercado e investe quando acha que deve. Riscos ele deve saber que vai correr, mas não foge.

— Risco acho que todos correm, os grandes e os pequenos, até os microempreendedores, pois apostam em uma ideia ou tendência e acabam tendo sucesso ou fracasso, pois o mercado é volátil e pode mudar de uma hora para outra.

— Guilherme, já vi muitas empresas quebrarem literalmente nesses quarenta anos de profissão, pois não acompanharam a evolução do mercado e achavam que as mudanças não iam atingir determinados setores da economia, mas atingiram e elas não estavam preparadas para isso.

— É complicado, pai, com quase quarenta anos de experiência deve ter visto empresas tendo sucesso, e essas que quebraram, e outras que ficaram pelo caminho por má administração.

— Guilherme e Ronaldo, venham jantar e assim conversamos todos — chamou Silvia, mãe de Guilherme.

— Mãe, essa comida está cheirosa, com cara de gostosa, como sempre faz. Gratidão por ter esta oportunidade de desfrutar este jantar com as pessoas que amo, que pena que a Gabriella saiu com o namorado e o Renato foi para a escola, senão a família estaria toda reunida — falou Guilherme.

— Faço com amor, e isso é o meu maior segredo, tudo que for fazer na vida, filho, faça com amor e prazer, que tudo ficará melhor — falou Silvia.

— Agradeço, mãe, por ouvir isso, pois preciso mesmo aprender a me concentrar mais e ter mais amor e prazer no que faço. Sei que estudo muito, procuro aprender bastante, mas ainda não aprendi como vender melhor meus serviços e produtos, e isso me deixa angustiado.

— Calma, meu filho, você começou seu negócio faz pouco tempo; no nosso país a grande maioria das empresas que são abertas não duram nem dois anos, a sua já passou por esse período, tem que ter paciência e confiar em Deus, pois para ele tudo tem seu tempo — falou Ronaldo.

— Pai, eu procuro ter fé, mas as contas vão chegando. Ainda bem que o tio e o José Antonio, sócio dele, sempre me mandam projetos, isso vai gerando uma renda que me ajuda no dia a dia, mas do pessoal do grupo Conecta, em que apostei minhas fichas, quase nenhum me procurou.

— Guilherme, seu tio vai te ajudar e te arrumar clientes, mas tem que ter paciência, agora que, como você me falou, ele começou a gravar o podcast do Conecta no seu estúdio, vai ver como as pessoas vão se interessar pelos seus serviços — falou Silvia.

— Mãe, o que mais quero é poder ter meus recursos, investir em equipamentos e melhorar meus serviços, mas tem horas que o desânimo bate e bate pesado, isso me assusta. Sei que o tio está acompanhando de longe, pois tem seus negócios e seus projetos também, ele procura sempre me ajudar, mas não é fácil.

— Guilherme, seu tio passou por momentos complicados também, mesmo com quarenta anos de profissão, tem horas que os problemas aparecem, como perda de clientes, inadimplência ou erros da equipe, e ele tem que se virar e resolver tudo. Mas pode ter certeza de que de longe está acompanhando seus negócios e procurando formas de te apoiar — falou Ronaldo.

— Pai, se eu tivesse um investidor, com certeza poderia fazer diversas melhorias e trazer mais negócios, mas vou dar tempo ao tempo e ver o que acontece.

— Calma que quando menos esperar um investidor vai bater na sua porta, se ficar ansioso acaba afastando as oportunidades. Além do mais, já fechou muitos negócios para uma empresa nova, Pamela também te ajuda e para atingir objetivos maiores tem que persistir — falou Silvia.

— Mãe, entendo isso, é que tem horas que fico preocupado, pensando em maneiras de mudar o jogo e nada acontece. Trabalhar é comigo, não tenho preguiça e procuro dar meu máximo para atingir esses objetivos.

— Isso mesmo, meu filho, agora esqueça isso por enquanto, vamos apreciar e agradecer por este jantar e curtir nosso momento de família — falou Silvia.

Aproveitaram aquele momento em família e jantaram tranquilamente; depois do jantar, Guilherme ficou na sala por um bom tempo conversando com os pais; quando subiu para seu quarto, tomou um banho relaxante e assim pôde dormir bem aquela noite.

CAPÍTULO IV

OPORTUNIDADES ONDE MENOS SE ESPERA

Guilherme sempre foi alheio à política, votava por obrigação e não acompanhava o que acontecia no nosso sistema político, mas isso iria mudar.

Uma jovem que queria fazer um podcast sobre política o procurou e assim que explicou o projeto fecharam negócio e as gravações começaram no estúdio da empresa do Guilherme.

O que surpreendeu Guilherme é que todas as convidadas eram mulheres, pois a entrevistadora queria somente a participação feminina no programa, para demonstrar a participação cada vez maior delas na política brasileira.

O curriculum da primeira deixou Guilherme literalmente de queixo caído, secretária da segurança pública do município, primeira professora negra da maior universidade da América Latina, e tantos outros cargos importantes que ele não imaginava que uma única pessoa poderia ter no país.

— Juliana, esta sua convidada é excelente. Como conhece essas pessoas?

— Guilherme, trabalho como funcionária pública comissionada, e tenho acesso a essas pessoas, que me abrem portas para outras e assim por diante.

— Legal, fico contente que possam te abrir portas e quem sabe para minha empresa também.

— Com certeza, meu amigo, as eleições estão chegando e alguns candidatos vão vir gravar aqui seus programas para a televisão. Só cuidado na hora de receber. Sabe como é político no nosso país, se deixar para receber depois e a pessoa não for eleita, já era.

— Juliana, sei disso, e vou tomar os cuidados. Estou acompanhando o fluxo de acesso ao seu podcast e a audiência está aumentando cada vez mais, uma hora dessas poderá convidar uma candidata para governadora ou prefeita, quem sabe não seja logo.

— Nossa, Guilherme, é o meu sonho, tem repercussão para atender as mulheres que poderão agregar muito em meu podcast, sem medo de se exporem e divulgar cada vez mais a necessidade de a mulher estar envolvida com a política.

— Antes eu até que era contra mulher na política, já que vemos tanta corrupção e pilantragem aqui no nosso país, mas vi que todos são iguais e o que interessa são seus interesses, e não os do povo.

— Infelizmente, Guilherme, isso é mundial, político que fala que se preocupa com os mais pobres, ou com assuntos específicos, são perigosos. Olha aqui no Brasil, que nas eleições de 2018 dois terços do congresso foram trocados por candidatos novos, principalmente que nunca tinham exercido um cargo político, mas quando chegaram lá no congresso não fizeram absolutamente nada, pois tem que aprender como funciona a máquina e se render a ela, os que estão lá faz tempo é que têm o poder.

— Sim, os que não querem soltar o osso de jeito nenhum e ficam ajudando no retrocesso do nosso país.

— Guilherme, em uma economia cada vez mais globalizada, nossos políticos ainda ficam pensando em protecionismo e fazendo leis retrógradas, como a nossa CLT, que é de 1945, e isso prejudica o país como um todo.

— Sim, é verdade. A reforma trabalhista de 2017 trouxe grandes mudanças para nosso mercado de trabalho. Quando se imaginou que as empresas poderiam contratar pessoas jurídicas como empregados, visando assim pagar mais para os profissionais e diminuir o custo trabalhista. Mesmo assim não foi completa essa reforma, pois na minha opinião tinham que reformar toda a CLT e trazer nossa legislação para os dias atuais e tratar os empregados como profissionais e quem sabe melhorar seus direitos e obrigações, atualizando para tudo que está acontecendo no mundo.

— Sim, Guilherme, entendo o que quer falar, mas aqui no Brasil primeiro vêm os interesses dos que têm dinheiro, depois os do povo. E olha que já viajei para diversos países e te afirmo que muitos são parecidos com o nosso no quesito legislação, o que prejudica o desenvolvimento do país como um todo.

— Sim, aqui tem lei para tudo e todos querem ganhar em cima. Olha aí o exemplo do e-social, que entrou em vigor para colocar toda a legislação trabalhista que temos em um sistema. Mas tem algumas leis que estão tão ultrapassadas e que empresas grandes estão tendo dificuldades para colocar em prática. Mas vamos focar o seu podcast: hoje, quem é a convidada?

— Sim, é verdade. Minha convidada é Dr.ª Camila, que irá falar sobre a previdência social e que poderá dar dicas para que tenham um futuro mais tranquilo. Muitos não pensam no futuro e só querem viver o hoje e depois ficam sem eira nem beira.

— Sim, meu tio Marcelo não pagou a previdência, Juliana, e foi deixando para lá, mas meu tio Gabriel não deixou e pagou durante anos sem meu outro tio saber e hoje ele tem uma aposentadoria digna para viver.

— Sim, é importante pagar a previdência social, pois a aposentadoria é para toda a vida, além de dar direito a auxílio-saúde, acidente do trabalho e maternidade. O que falta é um reforço na propaganda do governo explicando todos os benefícios que os que contribuem têm.

— Juliana, esses podcasts têm sido muito bons, com temas variados e pessoas interessantes sendo convidadas. Tem algum projeto político, como se candidatar?

— No momento não penso nisso, quem sabe no futuro possa me candidatar a algum cargo, vamos dar tempo ao tempo. Olha aí a Dr.ª Camila chegando.

As amigas se abraçaram e Juliana apresentou Camila para Guilherme, e ele fez questão de ir apresentar o espaço para a convidada, que ficou contente com o que viu e informou a Guilherme que pretendia também ter um projeto com ele.

Guilherme ficou contente, pois não esperava isso, então, após a entrevista para o podcast de Juliana, Camila e Guilherme foram conversar sobre o projeto.

— Guilherme, minha intenção é fazer um podcast voltando a servir a comunidade, convidar líderes comunitários que possam explicar os problemas da região e quem sabe contar com o poder público ou empresas que possam ajudar a sanar as necessidades básicas das populações mais carentes.

— Nossa, Dr.ª Camila, será um prazer produzir esse podcast, e vamos agregar chamando pessoas que possam ajudar e somar resultados.

— Com certeza, Guilherme, quero inclusive convidar os companheiros do Lions, que é uma instituição de que participo.

— Lions? Nunca ouvi falar.

— Na próxima assembleia te convido, assim poderá conhecer.

— Nossa! Gratidão! Conhecer associações novas é muito bom. Posso fazer uma pergunta para a senhora?

— Claro, pode sim, sem problemas.

— O que é "FAÇA A COISA CERTA", para a senhora?

— Guilherme, meus pais sempre foram muitos religiosos e eu aprendi com eles a ser também. Respeito quem não acredita em Deus ou em Jesus, mas eu acredito e sigo os ensinamentos de Jesus, na minha opinião isso é fazer o certo.

— Sim, da parte religiosa entendo o ponto de vista da senhora, e na vida como vê isso?

— Guilherme, procuro fazer o que é correto, dentro da lei, respeitar a constituição do meu país e as leis, porque como advogada tenho que fazer isso bem-feito. Se você vier com alguma proposta que possa me dar um lucro muito grande, mas não for lícita, eu renego e não quero ter problemas. Isso é fazer a coisa certa.

— Nossa! Vemos esses políticos corruptos e quase todos envolvidos em escândalos de corrupção, só querem dinheiro, isso me lembrou essa frase da senhora.

— Guilherme, muitos têm boas intenções e entram na política querendo mudar o que acham que está errado, quando conseguem se eleger veem que o mundo político é diferente do mundo real aqui fora, ou você está dentro das tramoias ou te excluem e você não consegue aprovar nenhum projeto.

— Sim, é verdade, nas eleições de 2018 dois terços do congresso foram trocados por novos candidatos e não mudou nada na nossa política.

— Sim, é o que estou te falando, o CERTO para você pode ser que não seja para o José e o João, e por aí vai. O mundo mudou muito nos últimos anos e na minha opinião para pior.

— Como assim, doutora?

— Veja os jovens de hoje, não respeitam mais os pais como antigamente. Vejo alguns exemplos que acontecem com amigos meus que têm filhos, que se fosse na época dos meus pais eu tomaria um tapa na cara sem dúvida alguma, as crianças e jovens de hoje em dia são mimadas, têm de tudo e ainda ficam fazendo birras, assim não dá.

— Sim, isso é verdade, parece que nada está bom, querem ficar grudados no celular e se bobear até na sala de aula querem ficar com ele ligado. Não respeitam os professores, que por outro lado alguns hoje em dia também não se dão o respeito falando mais de sua posição política do que da matéria que têm que ensinar.

— Sim, os pais, na correria do dia a dia, acham que o pessoal da escola, professores, coordenadores e direção, é que deve educar seus filhos, quando na realidade eles devem passar o conhecimento que adquiriram com o passar dos anos e depois de muito estudo, e a parte da educação tem que ser dada pelos pais em casa.

— Posso entrar na conversa um pouco–? — falou Juliana, que estava em uma ligação e tinha acabado de desligar o celular.

— Claro que pode, estávamos falando do que é FAZER A COISA CERTA para a Dr.ª Camila. E para você, Juliana?

— Eu não sou ligada às religiões tradicionais, mas sou espírita e aprendemos desde cedo a seguir os ensinamentos do mestre Jesus, que deixou tudo muito simples, e só devemos seguir esses ensinamentos– — disse Juliana.

— Juliana, Deus está onde tem uma ou mais pessoas pensando nos ensinamentos de Jesus, eu respeito e admiro qualquer religião — disse Camila.

— Sim, na minha opinião, se todos frequentassem igrejas e seguissem os ensinamentos que recebem lá, o mundo seria melhor. Não importa a religião, mas as pessoas vão, ouvem o sermão e saem fazendo tudo ao contrário. Por exemplo: "amar uns aos outros", no primeiro farol o cara já está estressado e reclamando de tudo– — falou Juliana.

— O mundo está maluco mesmo, vejo cada barbaridade na televisão, que me assusta, fora a guerra da Rússia versus Ucrânia, morrem menos pessoas lá do que aqui no nosso dia a dia — falou Guilherme.

— Guilherme, o que precisamos é ter mais fé e nos respeitarmos, assim poderíamos ter uma vida mais tranquila — falou Camila.

— Entendo e sei que é um assunto delicado, mas fiquei contente com as duas me falando que a religião é um caminho para fazer as coisas certas — falou Guilherme.

— Guilherme, hoje está ficando tarde, mas podemos marcar um almoço e colocar esse assunto em pauta com mais tempo– — falou Camila.

— Concordo e quero participar, adoro conversar sobre a vida e seus desígnios — falou Juliana.

Os três ficaram ainda conversando um pouco, e depois se despediram. Guilherme ficou ali sozinho pensando no que tinham conversado e viu que precisava se aproximar mais de Deus, e que iria fazer isso não indo em uma igreja, mas lendo livros, e se comprometeu sozinho a não ficar olhando na internet, pois lá tem resumido e ele não queria isso.

Sempre gostou de ler livros físicos, gostava de sentar-se e ler com calma, tendo o cuidado de sempre marcar a página em que tinha parado. Gostava de fazer anotações, mas — como tinha aprendido a não riscar ou rabiscar os livros — fazia em um bloco que sempre tinha por perto.

Ele ficou mais alguns minutos ainda no estúdio arrumando algumas coisas e logo em seguida também foi embora, para jantar com seus pais e irmãos e colocar a conversa em dia depois de um dia prazeroso de trabalho.

CAPÍTULO V

UMA CONVERSA FRANCA COM TIO GABRIEL

Guilherme ainda estava encucado com a conversa com o Wellington, como perguntar para as pessoas o que é certo para cada uma, sabia que teria respostas diversas; não tinha ainda conseguido abordar nenhuma pessoa conhecida, somente Juliana e Dr.ª Camila.

Mas na realidade sempre soube com quem começar essa conversa. Com seu tio Gabriel, uma das pessoas mais corretas que conhece. Marcou um dia e foi ao escritório de seu tio conversar, pois até nisso ele era chato. Negócios se tratam no escritório, e família nos encontros que fazem para ver os parentes e familiares, cuja companhia tanto apreciam.

— Boa tarde, tio, tudo bem?

— Sim, Guilherme, e com você?

— Sim, tudo está indo bem, só os negócios que estão devagar nesta época do ano.

— Guilherme, se fosse fácil assim, todos seríamos ricos, abrir um negócio e ter alguns contratos fechados todos os dias seria o melhor dos mundos, mas temos que ter paciência e ter persistência para ficar de olho nas oportunidades que vão surgindo no dia a dia.

— Entendo isso, tio, mas pensei que quando abrisse meu próprio negócio tudo seria mais fácil, que com isso poderia pagar as contas tranquilamente, e não é o que está acontecendo, tem horas em que me aperto um pouco, ainda bem que tenho uma reserva.

— Guilherme, lembra que brinco que vou ter que vender meu lindo corpinho para pagar as contas? Todos dão risadas, mas é uma maneira de descontrair e não entrar em desespero, pois todos os empresários têm seus problemas e horas de aperto.

— Sim, eu entendo isso, mas como sempre conheci muitas pessoas, logo imaginei que todos iriam fechar projetos com minha empresa, e não foi isso que aconteceu. Hoje fecho mais oportunidades com pessoas desconhecidas do que com as conhecidas.

— Guilherme, tenha paciência e não desista, o mercado está saturado de pessoas que fazem o mesmo que você e todos à procura de clientes e oportunidades de negócios. Se fosse fácil, todos ganhariam muito dinheiro.

— É que tem pessoas que ficam falando que tudo é fácil, que é só fazer assim e assado, mas faço e não gira.

— Sim, é normal isso, já pensou que esses coaches, influencers e outros que tem agora, se tudo que ensinam fosse assim fácil de colocar na prática e todos ganharem quando quiserem, ou se aposentarem com 30 anos, conforme alguns anunciam que fizeram, o que seria dos desafios da vida?

— Sim, tio, entendo isso, mas é que tem horas que as pessoas fazem cotação e não fecham e nem sei por quê.

— Guilherme, quantas vezes fui em reunião de prospecção e deixei tudo apalavrado e, quando fui fechar o contrato, ele não foi fechado? Sem explicação em alguns casos, em outros apareceu alguém com melhor preço ou em alguns casos o cliente preferiu um contador mais próximo, pois tinha certeza de que seria melhor atendido, e sei que muitas vezes isso não acontece.

— Tio, com quarenta anos de experiência, já deve ter visto muito empreendedor quebrar a cara com negócios que não deram certo.

— Sim, vou te contar um caso: tinha um cliente que tinha uma gráfica, ia bem, já que conseguia pagar as contas e até tinha desenvolvido um projeto que uma grande empresa de cerveja estava interessada em comprar para colocar em bares e restaurantes, quando dois amigos de longa data surgiram e ofereceram uma oportunidade de negócios que ele achou muito boa, que na realidade era um dos sonhos que sempre teve e não deu certo.

— Mas, se ele tinha gráfica, era algo na área?

— Pior que não, ele deixou a gráfica aos cuidados da esposa e foi abrir duas concessionárias de motos em duas cidades aqui próximas da cidade de São Paulo, e quebrou a cara, perdeu muito dinheiro, quase perdeu a casa inclusive, pois um dos amigos que falou que iriam vender cem motos por mês, fora manutenção, peças e acessórios não cumpriu a meta e tudo caiu nas costas do meu amigo.

— Nossa, que pesadelo ele deve ter vivido, e o que aconteceu com ele?

— Guilherme, a vida tem caminhos estranhos às vezes, para não perder a casa ele foi estudar o processo e ajudar o advogado que estava defendendo-o perante a justiça. Aí se interessou tanto pela matéria que com 55 anos de idade resolveu voltar a estudar e se formou em direito. Olha que conheço muitas pessoas que se formaram em direito e, quando foram fazer o exame para passar na OAB, não conseguiram, pois ele conseguiu, além disso fez duas pós-graduações, hoje é um grande profissional.

— Nossa, tio, que história de superação. Ele teve peito para fazer essa mudança na vida, principalmente na profissional.

— Sim, isso é persistência, e vou te contar mais ainda: se não fosse ele estar acompanhando o processo, teria perdido a casa em que residia com a família. Além do mais, as três filhas já formadas o ajudaram nesse momento pagando a faculdade; ele brinca conosco que até a sogra o ajudou muito nesse momento da vida.

— E hoje ele está bem? Está exercendo a profissão?

FAÇA A COISA CERTA

— Sim, hoje tem um escritório e está indo muito bem, fazendo um serviço de primeira qualidade, e os clientes o adoram, pois, além de dar assistência, procura sempre fazer reuniões mensais com os clientes explicando todos os riscos e assim evitando surpresas.

— Nossa, tio, acho que precisava ouvir essa história para me inspirar mais ainda. Gratidão.

— Não tem do quê. Sim, ele se superou e hoje é um vitorioso. E que sirva de inspiração para você também.

— Tio, posso lhe fazer outra pergunta?

— Claro, sem problemas.

— Conversando com o Sr. Wellington, ele pediu para eu ver com as pessoas um assunto e gostaria de começar com o senhor. Posso fazer uma única pergunta?

— Claro, pode sim, sem problemas.

— Ele falou sobre fazer a coisa certa, aí fiquei um pouco em dúvida e gostaria de saber o que é fazer a coisa certa para o senhor?

— Guilherme, eu sei que trabalho em uma área delicada, em contabilidade todos acham que só tem profissionais que fazem tudo por dinheiro, suborno, corrupção, sonegação e tudo o mais. Entendo a posição das pessoas, mas a realidade é outra, eu procuro trabalhar dentro da lei, sem correr riscos, principalmente riscos para agradar este ou aquele cliente, e depois ele troca de responsável contábil para economizar dez reais.

— E isso acontece mesmo?

— Sim, tinha uma empresa que era o meu maior cliente e numa necessidade ensinei a fazer um lançamento para economizar um valor e expliquei que não era para fazer todo mês, mas somente naquele, já que nos demais meses teríamos uma nova obrigação acessória criada pelo governo que iria pegar esse lançamento. Eles não me ouviram, fizeram todos os meses do ano seguinte, eu fui obrigado a enviar uma carta informando que não concordava com aquele risco, para minha surpresa me informaram que tinham encontrado um profissional que iria assinar os balanços dali para a frente, agradeceram os serviços prestados e ponto final.

— Nossa, que ingratidão, tentou ajudar e perdeu o cliente.

— Guilherme, esse é um caso entre tantos, infelizmente o contador acha que fazendo determinadas ações vai segurar o cliente, e não vai, o que vai acontecer é correr riscos e ter que ter um seguro de responsabilidade civil de bom valor, para proteger nesses casos.

— O pessoal é fogo, todos querem economizar e só pensam neles — falou Guilherme.

— E, completando sua resposta, eu sigo os ensinamentos do mestre Jesus que aprendi na sede da Federação Espírita em São Paulo, faço o bem sem olhar a quem e procuro ser o melhor ser humano possível fazendo as coisas do jeito que acho que são certas, afinal o que é certo para um pode não ser certo para outro.

— Sim, religião, o senhor é a terceira pessoa que me fala sobre isso, acho um assunto interessante, mas não frequento nenhuma e procuro fazer tudo da minha cabeça.

— Guilherme, Deus está em todos os cantos do mundo, procure ler os ensinamentos de Jesus e veja o mundo com os olhos puros que Deus lhe deu quando você reencarnou.

— Sim, eu já me comprometi a ler um pouco sobre Jesus, o que aprendi na infância nem lembro mais, só falta tempo.

— Comece a fazer uma coisa certa então, arrume tempo para conhecer os ensinamentos do mestre Jesus. Nem que seja cinco minutos por dia, Ele vai estar presente com você nesse momento.

— Não tinha pensado nisso, mas vou fazer. E espero que Ele esteja presente mesmo, estou precisando de uma luz.

— Guilherme você é que deve decidir o que é certo e errado na sua vida, a sociedade te dá os caminhos para seguir através de leis e tradições, e a religião procura te ensinar como se aproximar de Deus, tempo você tem, só não se organizou para isso ainda.

— Mas o senhor vê coisas com que não concorda no dia a dia, como vive com isso?

— Guilherme, eu vejo muitas coisas que na minha opinião acho erradas, mas é a minha opinião, e não de todo mundo. Imagine um empresário que tem uma empresa e ele não paga nenhum imposto, mas compra imóveis, carros e fica viajando e ostentando nas redes sociais. Aí ele vira e fala que vai abrir outra empresa e deixar os impostos caducarem, eu — como profissional que sou — abro a nova empresa e, sempre que tem alguma anistia de impostos, juros e multas, informo e pergunto se quer parcelar, ele responde que não. Não concordo com ele, mas tenho que aceitar o pensamento dele.

— Se ele pedisse para que ajudasse a sonegar, o senhor faria?

— Claro que não, prefiro perder o cliente do que ter problemas futuros. Se pegarem a sonegação, ele vai afirmar que foi o contador e que é inocente, já passei por isso.

— Fazer a coisa certa nem sempre é fácil. Com todas estas informações que a tecnologia trouxe, deve ser fácil para o governo pegar as sonegações.

— Com certeza, e hoje temos que ter cuidado, pois o governo recebe todas as informações de diversas fontes e faz os devidos cruzamentos. Bancos, cartões de créditos, financeiras, todos comunicam o governo com informações.

— Complicado, tio, todos querem tirar vantagem. E o certo vai ficando pelo caminho.

— Isso mesmo, por isso que fazer o certo não é fácil. Você tem que ter sua opinião e se posicionar na vida para que todos entendam até onde pode chegar. Se não fizer o que acha certo para agradar as pessoas, pode ter problemas e não conseguir resolvê-los.

— Sim, entendi, o importante é saber diferenciar o que é o certo para cada pessoa, sei que a parte da legislação todos devem respeitar, mesmo tendo já visto casos de abuso de poder, como aquela pessoa que trabalha na justiça que estava andando sem máscara em plena pandemia e o guarda chamou a atenção e o outro começou a gritar "com quem pensa que está falando? Vou fazer você ser demitido", ou seja, fazendo um papel de ridículo, quando tudo que fazemos no dia a dia é gravado por celulares ou por câmeras que estão espalhadas pela cidade.

— Sim, infelizmente tem isso, alguns não respeitam as regras porque se acham acima delas, como políticos, atletas e pessoas que se acham famosas, fazem o que querem, não respeitaram nem a pandemia. E olha que alguns que tinham mais dinheiro foram para os Estados Unidos tomar vacina, antes que a nossa população tomasse, e depois ficavam cobrando que todos voltassem a ter uma vida normal.

— Tio, vou me despedir, pois preciso correr para o estúdio, temos uma gravação hoje, na realidade é uma sessão de fotos de modelos e quero acompanhar para aprender com os profissionais que vão tirar as fotos.

— Guilherme, sempre que quiser conversar é só me ligar e marcamos, é um prazer conversar com você.

Os dois se abraçaram, Guilherme saiu mais leve do escritório do tio Gabriel, então foi para o estúdio acompanhar a sessão de fotos, pois o fotógrafo era renomado, poderia passar conhecimentos e seria uma ótima oportunidade de fazer mais negócios.

CAPÍTULO VI

CONECTANDO NEGÓCIOS

Guilherme — através de seu tio Gabriel — foi convidado para ingressar no *Conecta Business Networking*, um grupo formado por ele e alguns amigos com a finalidade de aumentar a rede de relacionamentos de todos.

O pensamento do grupo é simples e objetivo, imagine todos trabalhando com você, ajudando a divulgar seus negócios, e vice- -versa, você divulgando os negócios de todos. Guilherme pôde sentir na pele como isso é bom e como agrega valor ao seu negócio, já que fechou diversos projetos com pessoas indicadas pelo Conecta.

O slogan do grupo inclusive era *juntos somos mais fortes*, e na realidade era verdade, pois todos procuravam ajudar os demais e isso gerava negócios e sinergia para novas oportunidades.

Em todos os encontros Guilherme pôde conversar com pessoas interessantes tanto no aspecto financeiro quanto no aspecto de amizade, já que alguns com o passar do tempo acabaram virando seus amigos e clientes fixos da sua empresa. Isso agregou cada vez mais oportunidades para que ele pudesse se desenvolver e crescer em um mercado tão competitivo.

O grupo tinha um programa de rádio: CONECTANDO NEGÓCIOS, e além de ser entrevistado algumas vezes, ele pôde ser o entrevistador, substituindo o titular do posto, que teve um problema particular. Isso aconteceu algumas vezes e foi mais uma oportunidade de Guilherme também reforçar a divulgação de seu negócio. Oportunidades não podemos perder, seu tio sempre lhe falou isso.

Além do mais, tinham iniciado a gravação do podcast do Conecta nas instalações da empresa de Guilherme pagando-lhe um valor que ajudava a aumentar seu fluxo de caixa, além de investirem em equipamentos, e logo quem sabe poderiam ajudar com mais alguns. Estavam em negociação.

Também, Guilherme aprendeu a recortar as entrevistas no programa de rádio e transformar em vinhetas curtas para os conectados poderem divulgar em suas redes sociais, o que lhe rendia um bom valor mensal.

O Conecta tinha um hub de serviços para oferecer aos seus associados, como contas em bancos digitais, portal de benefícios, meios de pagamentos, certificação digital, assinatura de contrato digital, site de perícias e tantos outros serviços que tinha horas que Guilherme se perdia.

Mas essa era a função do grupo, abrir oportunidades para os conectados poderem fazer negócios e terem possibilidade de ganhos extras e de economia quando possível.

Durante a pandemia, diversos conectados começaram a fazer serviços online, e-commerce, cestas de café da manhã ou datas especiais e tantas outras atividades que, com os parceiros ajudando quando possível, acabaram criando negócios em um momento em que todos estavam isolados.

Após a pandemia, os eventos presenciais voltaram, novos parceiros começaram a ser convidados, isso foi gerando mais sinergia e negócios, o Conecta não parava de crescer e de abrir oportunidades.

Guilherme pôde se aproximar de novos profissionais e aprendeu novos negócios que não conhecia e viu oportunidades para expandir seus serviços.

Em um desses eventos teve uma conversa com Dr. Roberto, um advogado parceiro do grupo Conecta, foi quando ele pôde aprender um pouco mais sobre o parceiro e sua história de superação e sucesso.

— Guilherme, poxa, rapaz, como você se desenvolveu profissionalmente, cada vez com mais novidades e sempre evoluindo — falou um dia Roberto, um advogado com uma grande história profissional e de vida.

— Obrigado, Dr. Roberto, não é fácil entrar nesse mercado e ter que começar do zero, mas com o apoio do Conecta e da minha namorada, Pamela, consegui fechar alguns contratos, isso foi me abrindo portas e, para abrir mais ainda, preciso sempre me atualizar.

— Excelente, Guilherme, é isso mesmo, eu mesmo tenho que todo dia ler as mudanças nas leis que temos no nosso país, principalmente decisões judiciais que têm a intepretação de juízes, cada um com seu pensamento e modo de ver a peça jurídica, as famosas jurisprudências.

— Nossa, Dr. Roberto, o senhor, meu tio, Sr. Wellington devem ter que estudar todos os dias para não deixar passar nada das mudanças na legislação que acontecem em nosso país.

— Sim, é verdade, mas tem horas que alguma coisa acaba passando e temos que correr atrás, porque aqui no Brasil a legislação é feita muito na base do entendimento, isso prejudica, e muito, nosso serviço.

— É verdade, meu tio reclama bastante disso. São vinte e sete estados com legislações diferentes, mais seis mil municípios e cada um tem legislação diferente, os contadores e advogados ficam perdidos.

— Exato, por isso que temos que chegar cedo e passar um pente-fino no que foi publicado, tentar entender e passar isso para nossos colaboradores e clientes.

— Eu mesmo tenho que ficar antenado nas novidades da tecnologia, pois cada hora sai uma novidade, tenho que acompanhar para oferecer aos meus clientes e parceiros.

— Sim, Guilherme, atualmente não tem profissão que não precise estar acompanhando o mercado, veja essas grandes lojas, se todas não tivessem ido para o e-commerce, como teriam ficado durante a pandemia? Se não acompanhar o mercado, perde espaço, com certeza.

— Posso fazer uma pergunta, Dr. Roberto? Gostaria de saber o que é fazer a coisa certa, para o senhor?

— Coisa certa na vida privada ou na profissional?

— Pode ser nas duas ou se preferir responder somente da profissional também pode, muitas pessoas não gostam de falar da vida privada.

— Eu não tenho problemas em responder e vou começar pela vida privada para ser direto e reto. Fazer a coisa certa é ser honesto, fiel, respeitar minha família e seguir os ensinamentos do mestre Jesus, simplificando para não me estender muito.

— Jesus... engraçado como para nós brasileiros Ele é presente na vida de tantas pessoas, para todos que perguntei sobre fazer a coisa certa Ele está no meio das coisas certas.

— Sim, Ele deixou lições simples e objetivas, Amai a Deus acima de todas as coisas e amai o próximo como a si mesmo, sigo isso e procuro viver bem com isso.

— Mas, com tantas maldades que vemos atualmente, não acha que Jesus fica bravo com isso tudo?

— Guilherme, Deus e Jesus são amor, procuram nos dar o livre-arbítrio para que possamos decidir a nossa vida, se erramos vamos ter que arcar com as consequências aqui mesmo no planeta, reencarnando quantas vezes forem necessárias para evoluirmos.

— Mas, Sr. Roberto, tanta violência — física, emocional e sexual — que está acontecendo atualmente, guerra, fome, corrupção e tantas coisas que Jesus não aprova, com certeza.

— Sim, concordo, mas como te falei vamos pagar aqui no próprio planeta, por isso procuro fazer o que acho certo e respeito os ensinamentos do mestre Jesus.

— Ok, Jesus pelo jeito sempre vence, e quem sabe um dia este mundo maluco não melhora...

— Na realidade, Guilherme, Ele vai vencer sempre sim, pois — como é amor, — nos deu a sua vida para que possamos redimir nossos pecados, isso é a maior prova.

— Nossa, agora acabou com meus argumentos, já tinha falado para meu tio que ia me aproximar de Jesus novamente, e estou indo aos poucos, como ele me explicou, quem sabe logo poderemos voltar a ter uma conversa sobre Ele.

— Com certeza, Guilherme, vou estar sempre a postos, quando quiser conversar sobre Jesus pode me procurar.

— E me fale então sobre fazer a coisa certa na sua vida profissional, advogado atende até assassinos, bandidos, corruptos, não deve ser fácil.

— Sim, vida de advogado não é fácil não.

— Sr. Roberto, desculpe mudar de assunto, o meu tio me contou um pouco da sua história, que teve gráfica e concessionárias de moto, como foi essa mudança para a advocacia?

— Guilherme, sempre trabalhei com carro, primeiro trabalhei com meu pai e depois trabalhei muitos anos em uma grande concessionária aqui na cidade, depois de casado resolvi abrir meu próprio negócio, uma gráfica, não essas tradicionais, uma especializada em banners e outros serviços de porte maior, como toldos, painéis e outros materiais que criávamos.

— Nossa, com a mudança da legislação que modificou a regra de propaganda nos estabelecimentos comerciais, não deve ter sido fácil, o mercado mudou de uma hora para outra.

— Sim, mas eu não peguei essa época, foi depois que vendi a gráfica. Enquanto estava com a gráfica, dois amigos de longa data que trabalhavam com motos me procuraram oferecendo a oportunidade de ser sócio em duas concessionárias de motos em duas cidades próximas de São Paulo. Pensei, consultei a esposa e, como estava acostumado a trabalhar com carro, decidi investir nessa nova empreitada, já que tinha domínio desse mercado. Ledo engano, quebrei a cara e quebrei financeiramente também.

— Mas por que quebraram se conheciam o mercado?

— Os meus amigos falaram que vendendo cem motos mensalmente ganharíamos muito dinheiro. Não estou falando dessas motos de 125 cilindradas, e sim das motos grandes que as pessoas gostam de comprar para passear pelas rodovias e ir conhecer as cidades do nosso estado. Motos que hoje devem custar entre 50 a 100 mil cada uma, fora os equipamentos. Mas na realidade, no melhor mês de vendas, vendemos trinta motos e isso não pagava as contas.

— Mas quebraram logo de cara, nem tentaram prorrogar o máximo possível?

— Tentamos dois anos, mas infelizmente não tivemos êxito, meus amigos não eram vendedores natos da marca que estávamos trabalhando, que não era tão conhecida pelo consumidor brasileiro, e isso foi fatal para o insucesso do nosso negócio.

— Nossa, que triste, adoro moto, ver duas concessionárias fecharem não deve ser fácil. E como fizeram com o estoque e tudo o mais que tinham?

— Negociamos com os fornecedores, conseguimos abater parte da dívida que tínhamos com eles devolvendo o que aceitaram, mesmo assim acabamos ainda ficando com uma grande dívida, e por incrível que pareça caiu tudo nas minhas costas.

— Nossa, o senhor deve ter ficado apavorado, como foi passar por isso?

— Guilherme, quase perdi minha casa nesse processo, a fabricante entrou com processo para tomá-la judicialmente, ainda bem que era bem de família, ou seja, o único que tinha, e o juiz deu causa ganha para meu lado, senão iria morar de favor, com certeza.

— Que barra! E de repente decidiu virar advogado?

— Então... como a vida é engraçada... confiei meu processo a um advogado e muitas vezes perguntava como estava e ele me respondia que ia verificar e passava uma semana sem resposta. Comecei a verificar na internet como fazer essa pesquisa, com o número do processo comecei a ler, vi alguns erros, fui apontando para ele, que fez uma petição e acertou os erros, se não fosse isso tinha perdido minha casa.

— Não acredito, o senhor sem nenhuma experiência acabou vendo o erro dele e depois resolveu ser advogado?

— Em um jantar de família expressei essa minha vontade e a família logo me apoiou. Minhas filhas, que já eram formadas, se comprometeram a pagar minha faculdade, e foi o que fizeram. Depois de cinco anos me formei, passei na Ordem dos Advogados e hoje tenho minha carteira de clientes.

— Nossa, que história de superação e sucesso, parabéns, Dr. Roberto.

— Gratidão, meu amigo.

Roberto e Guilherme ficaram conversando ainda por mais algum tempo, depois se despediram, já que tinham compromissos em outros locais.

CAPÍTULO VII

APRENDENDO A FAZER O BEM

Um associado do Conecta, José Antonio, era também associado do Lions Clube Centro SP, e convidou Guilherme para participar de uma assembleia. Inicialmente, Guilherme foi motivado mais pelo convite e principalmente pelo local onde eram feitas as assembleias do Lions, o Terraço Itália, um dos principais restaurantes do país.

— Guilherme, estou te convidando para conhecer o Lions Centro SP, o clube de Lions mais antigo em atividade do Brasil.

— Lions, já ouvi falar, mas nunca me aprofundei direito no assunto, nem pesquisei na internet.

— Devia ter pesquisado para ver tudo que o Lions faz no mundo.

— Pensei que era algo brasileiro, mas é mundial, que surpresa!

— Sim, estamos no mundo todo, e — quer saber? — em mais países que a ONU, pois reconhecemos diversos territórios que estão em disputa, enquanto a ONU não reconhece.

— José Antonio, mas o que o Lions faz mesmo?

— Guilherme, somos o maior clube de serviços do mundo: em assistencialismo e ajuda ao próximo, pode contar com o Lions. Estamos sempre presentes em diversos países do mundo e, sempre que precisam, estamos prontos para ajudar. Os companheiros contribuem como podem e ajudam os clubes de Lions no mundo todo a fazer o bem.

— Nossa, José Antonio, não pensei que fosse isso, pensei que era mais um clube de networking, de que tanto ouvimos falar atualmente.

— Guilherme, se você é uma pessoa comunicativa, que está sempre presente nas assembleias do Lions e procura participar de forma clara e objetiva, com certeza os companheiros leões irão se aproximar e com certeza poderá ter sinergia para que haja um networking entre vocês, não é proibido, desde que não atrapalhe o relacionamento entre os membros do clube.

— Sim, fazer um negócio e prejudicar um relacionamento que pode ajudar muitas pessoas... tem que pensar bem mesmo.

— Sim, Guilherme, aqui temos confiança nos nossos companheiros e procuramos sempre ajudar uns aos outros dentro do possível, e não podemos deixar que nada atrapalhe isso, opinião política, a própria política interna do clube, tudo deve ser bem separado, pois em uma campanha o Lions pode ajudar uma comunidade inteira.

— Concordo, José Antonio, temos que aprender a separar para não ter problemas.

— Sim, Guilherme, vou pegar o que explicamos para os novos membros e assim terá uma noção melhor do que é ser leão. Veja:

"É a maior e mais completa organização de Clubes de Serviço do mundo. Existe graças ao fundador Melvin Jones, desde 1917, *estando hoje em 205 países, nos cinco continentes, e falando mais de 20 idiomas, com aproximadamente 1,3 milhão de sócios no mundo. No Brasil, tem cerca de 40.000 Leões, distribuídos em mais de 1.500 Clubes. Fazemos parte do querido Distrito LC-2. Lions é o nosso nome, e essas letras sugerem Liberdade, Igualdade, Ordem, Nacionalismo e Serviços.*

O nosso emblema ostenta o perfil de dois Leões, olhando em direções opostas. Um Leão contempla o passado com orgulho das obras realizadas, enquanto o outro olha confiante o futuro, desejando sempre prestar novos serviços. Roxo e Ouro são as nossas cores. Roxo que traduz nobreza e lealdade. Lealdade para com nosso país, nossos amigos e para conosco mesmos. Ouro significa a sinceridade nas intenções, liberalismo no julgamento, pureza, generosidade e, acima de tudo, respeito pela sensibilidade alheia.

O lema do Lions é: 'Nós Servimos'. Pequeno na forma, mas infinitamente grande no significado. Servimos a todos indistintamente.

Lions não é elitismo. Lions não é status social. Lions é um estímulo à manifestação de Liberdade, do espírito de humanidade, onde quer que o Companheiro se encontre. Lions não é uma escada, em cujos degraus subimos para nos projetar. Lions não é apenas a reunião de pessoas certas em dias determinados. Nem apenas campanhas, nem apenas assistência social ou filantropia, nem apenas tolerância religiosa e política, nem apenas sentimento de fraternidade entre os povos e raças. Leonismo é tudo isso somado, e algo mais verdadeiramente imponderável e grandioso.

O Leonismo é a abertura total de nosso espírito.

Leonismo não se sabe, Leonismo se sente.

Leonismo não se aprende, se vivencia."

— José Antonio, estou cada vez mais interessado em me associar a esse grupo; afinal, sempre quis muito ajudar as pessoas mais necessitadas, e nada como juntar forças com pessoas que têm o mesmo interesse.

— Guilherme, se tiver foco em ajudar o próximo, terá sucesso aqui, pois já vi muitas pessoas se associarem ao Lions e depois saírem logo no primeiro ano, porque não estavam preparadas para fazer o serviço sem interesse. São pessoas que entram no grupo somente pensando em fazer networking ou negócios, e já te falei que aqui isso é consequência de participar ativamente do grupo e ter foco em fazer o serviço à comunidade, isso acaba gerando negócios com parceiros, não que vá acontecer com todos, pode acontecer com alguns.

— Essas pessoas que entram e saem não vieram conhecer o Lions antes?

— Sim, muitas vieram e participaram das assembleias, mas na realidade só vinham aqui para almoçar no Terraço Itália, por isso que alguns companheiros mais exaustos já mencionaram de trocar o local de nossas assembleias, mas este local faz parte da tradição do nosso clube, por isso mantemos aqui nossos encontros mensais.

— Sim, o local é famoso, comida excelente, atendimento também, mas vir aqui somente para almoçar e esquecer que tem responsabilidade com o grupo e o seu slogan é complicado.

— Sim, já houve diversas discussões sobre esse assunto. Já tivemos pessoas interessadas em conhecer os companheiros para dar golpes financeiros, ou para se aproximar com interesses diferentes ao do Lions, esses acabam saindo naturalmente. Aqui você tem que pensar no conjunto, e não no individual, e com isso pode fazer o bem para todos em sua volta.

— Pode ficar tranquilo que não vou ser esse tipo de pessoa, se entrar no Lions vou aprender tudo que puder e ser um leão de juba larga.

— Gostei dessa expressão, juba larga, faz tempo que não ouço isso aqui no Lions. Tenha foco, meu amigo, e tudo ficará bem para você. Aprenda a separar cada coisa no seu devido tempo.

— Sim, a duras penas estou aprendendo isso e quem sabe quando for um companheiro leão não aprenda mais e isso vá me ajudando...

— Isso mesmo, a vida é o melhor professor, e aqui no Lions vai estar com pessoas que têm boa índole e poderão ajudá-lo, e muito.

— José Antonio, posso te fazer uma pergunta particular? A partir de uma conversa com uma pessoa por quem tenho uma grande consideração, resolvi perguntar para outras pessoas que conheço, para saber o que as pessoas entendem por FAÇA A COISA CERTA, o que é o certo para você?

— Guilherme, poderia te falar que é um assunto complicado, já que a grande maioria dos brasileiros principalmente foram educados como cristãos, então temos os ensinamentos do mestre Jesus como referência, acho que segui-los é o princípio de fazer a coisa certa.

— Sim, concordo, Jesus e Deus acima de tudo e de todos, mas somente isso basta?

— Claro que não, Guilherme, tudo muda muito rápido e nós também mudamos de opinião sobre alguns assuntos no decorrer da nossa vida.

— Sim, concordo. Antigamente tudo era mais engessado, tínhamos dogmas e tudo o mais, e agora temos que acompanhar o mundo.

— Concordo e discordo ao mesmo tempo, não significa que devemos seguir a opinião de todos, devemos respeitar sim, mas ter a nossa opinião sobre determinado assunto e sermos respeitados.

— Sim, foi o que ocorreu nas eleições aqui no Brasil, uma briga lascada, discussões, pessoas bravas com amigos e parentes, e tudo para um candidato ganhar as eleições e tudo continuar como estava.

— Guilherme, você generalizou um pouco, mas concordo na questão da política, por mais que a pessoa próxima possa estar errada, deve ser respeitada a opinião dela.

— Mas, se ela estiver errada, todos vão pagar pelos próximos quatro anos, sofrendo por um erro de alguns, que pela omissão de outros foram maioria.

— Concordo, é como se fosse uma reunião de condomínio, cem apartamentos, na reunião tem somente 10 representantes, o que eles decidiram os demais não poderão reclamar, porque não se interessaram. Nas eleições aconteceu mais ou menos isso.

— Sim, entendi seu ponto de vista também, respeitar a opinião dos mais próximos é uma coisa certa a ser feita.

— Exato, respeitando a opinião de todos, opção sexual, cor, raça e tudo o mais, o mundo será melhor.

— Isso mesmo, Guilherme, o mundo poderá ser melhor, com certeza.

— Nossa, obrigado, José Antonio, você foi claro e objetivo, ou seja, se não nos respeitarmos, o mundo não será melhor.

— Sim, meu amigo, e o mundo precisa melhorar mesmo, por isso que estamos hoje aqui no Lions, e quem sabe logo você toma posse e pode ajudar nessa transformação por que todos precisam passar.

— Sim, logo estarei aqui tomando posse, só ajustar alguns compromissos que tinha assumido e assim poderei vir ajudar a todos que necessitam.

— É assim que se fala, Guilherme, determinação sem medo de errar.

Os amigos ficaram assistindo à assembleia do Lions até o final, depois ficaram na confraternização com os companheiros mais algum tempo e foram para suas respectivas empresas.

CAPÍTULO VIII

AJUDANDO DE CORAÇÃO ABERTO

Guilherme aceitou o convite de Maurício, um parceiro de negócios que administrava um projeto muito bem-organizado para atender pessoas com deficiências ou síndrome de Down, Projeto Almaroma, para dar aulas para crianças sobre postagem de fotos em redes sociais.

Agendaram em um sábado e Guilherme contou com a presença de dez jovens interessados em aprender como tirar fotos e postar nas redes sociais. Além de ajudá-los no dia a dia, isso serviria para alguns em colocação de emprego em empresas de tecnologia.

Os jovens, além de aprenderem, tiraram dúvidas, e todos puderam fazer algumas fotos de teste e publicá-las, pois essa era a intenção do curso.

Tanto Guilherme como Maurício ficaram o tempo todo acompanhando o desenvolvimento dos jovens e foram dando as dicas, com toda a atenção que mereciam.

— Nossa, Maurício, como estes jovens são inteligentes e interessados.

— Guilherme, aqui ensinamos que eles não têm deficiência e que devem dar o melhor que podem para progredir e aprender. Se já começam pensando que são limitados, aí já se limitam mesmo.

— Concordo, eu mesmo sempre fiquei pensando que não podia fazer determinadas coisas e ficava me limitando, tanto profissionalmente como na minha vida pessoal, mas com o tempo fui aprendendo que posso fazer tudo que está ao meu alcance. E como surgiu esse projeto?

— O Almaroma nasceu como projeto em 2017, quando os sócios-fundadores — querendo fazer o bem de forma sustentável — desenvolveram uma iniciativa para fomentar a inclusão social e diversidade no mercado de trabalho. Adotamos desde o início os conceitos do Setor 2.5: uma nova forma de, simultaneamente, empreender com lucratividade e gerar impacto social. Além disso, o nosso direcionamento estratégico segue seis Objetivos de Desenvolvimento Sustentável (ODS) da Agenda ONU 2030.

"Diante disso, tivemos o reconhecimento da Innovation Latam e Fundação Dom Cabral, ao receber o selo iImpact 2020, concorrendo com mais de 500 empresas da América Latina.

Atualmente operamos quatro unidades de negócios:

1. Espaço Almaroma: cafeteria, bistrô e coworking inclusivo, com espaço para eventos.

2. Almaroma Tech: desenvolvimento e comercialização de tecnologias assistivas.

3. Consultoria: adoção dos conceitos de Diversidade & Inclusão nas empresas.

4. Coffee Bikes Inclusivas: locação para eventos corporativos (patrocinada pelas empresas contratantes)."

— Nossa, Maurício, para quem não conhece o projeto, acha que é perda de tempo. O negócio está bem estruturado.

— Sim, Guilherme, procuramos fazer certo para que dê certo, não estamos nos aventurando, nem jogando fora o dinheiro dos investidores. Procuramos deixar tudo em ordem e fazer o que nos propomos a fazer, com isso podemos crescer e ter mais investidores, que nos auxiliam na realocação de pessoas PcD.

— Hoje vejo muitas empresas de grande porte oferecendo vagas para pessoas com deficiências e acho muito bom isso.

— Sim, eles têm quotas para preencher e isso reduz o custo do nosso país, que não precisa ficar pagando auxílio para as pessoas com deficiências. Além do mais, dignifica essas pessoas, que passam a ser úteis à sociedade, e não um peso, como eram antigamente.

— Sim, inclusive grandes mentes da história foram tratadas como loucos ou doentes durante o curso da história humana. Beethoven era surdo, Galileu Galilei era cego e tantos outros que podemos fazer uma lista, mas atingiram seus objetivos.

— Guilherme, entendo isso, mas a grande maioria das pessoas tem um pouco de preconceito. Olham de modo diferente e não ajudam. Outras têm conhecimento e sabem que podem ajudar, e ajudar da maneira certa, dando ou criando oportunidades.

— Entendo, Maurício, eu vejo quando as pessoas veem alguém com síndrome de Down, parece que estão vendo uma pessoa incapaz, e agora mais do que nunca posso garantir que não são. São inteligentes, aprendem rápido e podem ser produtivas.

— Guilherme, olha o caso do autismo, muitas pessoas famosas têm autismo, e algumas foram até internadas, pois não conheciam a doença ou julgavam mal as pessoas que a tinham. Eram loucas, viviam em seu próprio mundo e tantas outras besteiras que ouvimos no dia a dia.

— Sim, e tem outras doenças que antigamente eram tratadas de forma diferente, como Parkinson ou Alzheimer, e hoje vemos que são doenças mais comuns do que pensávamos, eu mesmo tive meu avô que foi definhando com o Alzheimer e não pudemos fazer nada.

— Exato, Guilherme. Antigamente, por falta de conhecimento, muitas doenças eram tratadas como demência ou até como contagiosas. Com o avanço das pesquisas, fomos aprendendo mais, e todos os dias saem novas pesquisas que ajudam a entender melhor o que acontece com determinadas pessoas.

— Mas vocês devem ter alguns problemas, pessoas que acham que estão gerindo um negócio visando ao lucro e por isso não investem ou que acham que estão explorando essas pessoas com deficiências.

— Guilherme, nossa meta é a inclusão, não vamos ficar ganhando com isso, o importante é capacitar essas pessoas e integrar na sociedade de forma produtiva.

— Eu entendo isso, mas já devem ter ouvido algo nesse sentido.

— Sim, com certeza ouvimos e temos que saber informar o que fazemos de modo simples e objetivo sem enfeitar a realidade. Tem pessoas que vemos nas redes sociais ou em programas de televisão falando que fazem isso ou aquilo e na realidade estão se autopromovendo, enquanto nosso foco são as pessoas.

— Hoje não só vocês como outras instituições estão participando de grupos de networking, qual a finalidade disso?

— Simples, aumentar nossa rede de relacionamentos; por exemplo, nós participamos do Conecta, hoje temos dois investidores-anjos entre os participantes do grupo, e podemos ter outros. Além disso, todos têm excelente rede de contatos e podem agregar mais investidores em nosso projeto, como ter um grande investidor que pode bancar sozinho.

— Entendi, literalmente falando, gentileza gera gentileza, e nesse caso rede de contatos gera mais contatos.

— Isso mesmo, Guilherme, e como o Conecta utiliza o espaço do Almaroma para seus eventos, isso é um importante fator de renda que não podemos dispensar.

— Agora estou entendendo o contexto do negócio.

— Olha outro exemplo: um dos conectados é escritor e vai fazer o lançamento de seus três primeiros livros aqui no nosso espaço, trazendo mais recursos para tocarmos nosso projeto.

— Agora entendi, as pessoas vêm nas reuniões do Conecta, fazem networking e podem alugar o espaço do coworking de vocês e utilizar o espaço para outros serviços.

— Viu? Uma participação em grupo de networking abrindo diversas frentes de recursos para o Almaroma.

Os amigos ficaram conversando um pouco mais, depois Guilherme se despediu, porque tinha trabalho a fazer em seu estúdio, além disso ia receber algumas pessoas para um novo projeto.

Carlos, Valdir, Vânia e Rita são profissionais com grandes nomes no mercado de produção de marketing, seja digital ou não, e conhecem muitas empresas que poderiam utilizar o espaço do Marketing Animado.

— Nossa, Guilherme, não sabia que era tão grande aqui — falou Carlos.

— É mesmo, Carlos, também ficamos surpresas — falaram quase juntas Vânia e Rita.

— Guilherme, de onde surgiu essa ideia, você sempre quis trabalhar com isso? — perguntou Valdir.

— Na realidade queria ser mecânico de carro nos Estados Unidos e acabou não dando certo. Voltei, trabalhei de empregado, depois acabei abrindo meio na raça e com ajuda de alguns parentes e amigos.

— Nossa, parabéns, fomos surpreendidos, pensávamos que era uma garagem pequena, mas é um espaço grande e confortável. Quem sabe não podemos fazer algumas campanhas aqui?! — falou Vânia.

— Foi por isso que convidei vocês, para conhecerem e indicarem para seus contatos e trazerem alguns projetos para cá. Aqui tem estúdio para gravação, espaço para fotografia, estúdio para podcaster ou youtuber, e podemos usar de diversas formas.

— Excelente, Guilherme, era disso que estávamos precisando, já que durante a pandemia alguns não aguentaram e acabaram fechando as portas e até agora não voltaram. O home office é bom, mas para o nosso negócio precisamos produzir as campanhas e temos que estar acompanhando tudo — falou Carlos.

— Eu sei que tem algumas coisas para fazer e melhorar aqui ainda, mas se entrar serviço e receber vou investindo, melhorando sempre para atender cada vez melhor.

— Gostei de ouvir isso, muitos querem somente olhar o lucro e colocar o dinheiro no bolso, sem reinvestir no próprio negócio. Parabéns por pensar assim — falou Rita.

— Pessoal, eu ouço muito pessoas do grupo de networking de que participo e eles falam sempre em ter reservas, reservas para investimentos, e depois pensar na retirada do lucro, que acaba vindo naturalmente.

— Concordo com esses seus amigos, inclusive queremos participar da próxima reunião de networking e conhecer esse grupo.

— Será um prazer, o pessoal do Conecta utiliza, e muito, meu espaço aqui, além de outros serviços que faço para o grupo e para os associados.

— Quem sabe não é isso que precisamos também, participar de um grupo de networking para, além de fechar negócios, podermos fazer novos parceiros?! — falou Carlos.

— Gostei da ideia, vamos participar sim, e ver as possibilidades de fechar negócios e de nos tornarmos associados — falou Valdir.

— Hoje mesmo fui no espaço que utilizamos para fazer nossa reunião mensal, o pessoal está muito contente em ceder o espaço, pois estão gerando receitas e criando mais oportunidades. Já que é um projeto de inclusão de PcD, acho que vocês também podem se interessar em ajudar esse projeto.

— Guilherme, todos os projetos de inclusão nos interessam, pois, como trabalhamos com marketing direto, sempre estamos precisando de pessoas com necessidades especiais, ou de outro tipo de inclusão — falou Rita.

— Isso mesmo, minha irmã, temos que olhar todas as oportunidades como se fossem únicas, e com isso gerar mais negócios — falou Vânia.

— Sim, nós quatro, além de termos outros negócios, temos a agência, que tocamos juntos e graças a Deus está indo bem.

Claro que passamos sufoco durante a pandemia, mas agora tudo está voltando aos eixos, e aí entrou o que seus amigos do Conecta falaram, o que nos salvou foi ter uma boa reserva. Isso não é correr riscos, é ter reserva para momentos como passamos — falou Valdir.

— Legal, estou contente em conhecer vocês e espero que com isso possamos gerar muitos negócios.

— Com certeza, Guilherme, gostamos do espaço, da ideia do grupo de networking, temos bastante sinergia de negócios aqui, e vamos em frente — falou Valdir.

Ficaram conversando e a partir daquela data eles foram grandes parceiros da empresa do Guilherme e o ajudaram a alavancar muitos projetos, inclusive entraram como investidores na empresa dele, o que foi de grande ajuda para ela crescer e poder abrir mais opções de trabalho para todos.

CAPÍTULO IX

APRENDENDO E PROGREDINDO

Guilherme estava contente com a perseverança que teve, pois só assim estava conseguindo alcançar os objetivos que tinha traçado.

Houve momentos de desânimo e até pensamentos de jogar tudo para o alto e ir trabalhar como empregado novamente, mas Deus sempre abre portas, e devemos agradecer por isso.

Guilherme recebeu um futuro cliente para uma reunião: Gutierrez, uma pessoa com muitos contatos e que queria começar a se aventurar pela web, já que era uma pessoa acostumada ao modo antigo, olho no olho, mas agora viu que era a hora de aprender todas as opções que a tecnologia poderia lhe oferecer.

— Guilherme, tudo bem? Você foi muito bem recomendado, por isso estou aqui.

— Sr. Gutierrez, fico contente; em que posso ajudá-lo?

— Guilherme, sempre tive muitos negócios e, como sou das antigas, acompanhei a chegada da internet e tudo o que trouxe para nossas vidas, mas agora são tantas mudanças que achei melhor te procurar para que possa me ajudar em alguns projetos.

— Vai trabalhar com redes sociais, YouTube e demais aplicativos?

— Sim, a intenção é aumentar a visibilidade de meus negócios em todas as redes sociais e aplicativos, e me falaram que você está à frente nesse tipo de trabalho.

— Sr. Gutierrez, sou profissional atualizado, procuro sempre acompanhar as novidades desse mercado dinâmico, por isso que falam que estou na frente, mas na realidade estou atualizado.

— Pois foi exatamente por isso que te procurei, você é muito bem recomendado.

— Gratidão, Sr. Gutierrez, vou dar meu melhor para que seus negócios tenham a exposição correta, e de forma consciente, sem desgastá-los.

— Guilherme, sou exigente e cobro os profissionais que prestam serviços para minhas empresas, pois pago o preço justo e tenho que ter um bom atendimento.

— Isso com certeza o senhor terá aqui na minha empresa e poderá ver os resultados semanais, já que mando relatórios de fácil compreensão para que saiba quantas visualizações vai ter semanalmente.

— Isso mesmo, Guilherme, é isso que pretendo. Acompanho o podcast de alguns amigos que gravam aqui, eles falaram bem dos seus serviços. Além do mais, adorei o espaço que tem aqui.

— Obrigado, pretendo melhorar mais ainda, já que a tecnologia sempre vem com novidades, é preciso estar atento. Olha o podcast, antes poucos queriam fazer e agora todos estão procurando uma maneira de serem conhecidos. Além do mais, conheço alguns influencers e youtubers famosos que podem divulgar seus produtos de forma objetiva e alcançar grande público.

— É isso mesmo que quero, Guilherme, divulgar meus negócios. Com isso posso abrir novos negócios e oportunidades que tenho em mente e gerar mais empregos, que sempre foi um sonho que tive e consegui realizar.

— Nossa, Sr. Gutierrez, que sonho bom, sempre quis gerar empregos e criar oportunidades, poucas pessoas sonham isso.

— Guilherme, dinheiro não é tudo, muitas vezes a realização profissional é melhor que tudo, e consegui vencer e aproveitar algumas oportunidades que a vida me deu. Com isso consegui criar empregos e as pessoas puderam ter uma vida melhor, afinal valorizo as pessoas com quem trabalho.

— Sr. Gutierrez, sei que nos conhecemos agora, mas me permite fazer uma pergunta pessoal?

— Claro, Guilherme, se eu puder responder será um prazer.

— O que é fazer a coisa certa, para o senhor?

— Guilherme, boa pergunta, afinal cada um deve ter sua resposta, mas vou te dar a minha sem filtros, ok?

— Claro, Sr. Gutierrez, confio na sua palavra.

— Fazer o certo é nunca prejudicar as demais pessoas, tanto as que estão próximas como as que não conhece. É fazer o bem e, quando tiver oportunidades e puder compartilhar, fazer isso com certeza.

— Como assim as pessoas que não conhece?

— Guilherme, temos concorrentes ou pessoas de que ouvimos falar, mas na realidade não conhecemos, e não podemos querer prejudicá-las em favor dos nossos interesses.

— Nossa, o senhor é o primeiro que fala isso, eu mesmo tive problemas com a concorrência quando comecei, com alguns denunciando nas redes sociais e quando ia acessar estava bloqueado. Mas, analisando, é verdade o que o senhor acabou de falar. Prejudicar os outros para quê?

— Exato, Guilherme, e mude seu olhar sobre a concorrência, na realidade são parceiros de negócios que disputam para aumentar a carteira, fazendo o melhor trabalho por um preço justo, para fidelizar os clientes. Imagine um contador, será que outro profissional contábil é seu concorrente ou somente mais um contador no mercado?

— Sr. Gutierrez, essa é fácil de responder, afinal meu tio é contador e ele sempre fala que o empresário não acorda em um dia qualquer e pensa logo cedo: "hoje quero trocar de contador". Não, isso é um processo, que se dá por diversos motivos.

— Isso mesmo, ainda bem que seu tio lhe passou essa mensagem. Se trocou de contador é porque estava descontente pelo atendimento, serviços prestados ou preço mesmo, e o outro profissional está lá trabalhando e o atende melhor. Ele não saiu na rua batendo de porta em porta para arrumar outro profissional. O que ele fez?

— Falou com sua rede de contatos e alguém o indicou.

— Viu como é simples a vida? Não prejudicou a concorrência, simplesmente tem uma boa rede de contatos e deve ser um bom profissional, por isso foi indicado para receber um novo cliente. Isso é a vida, não prejudicar as pessoas é uma dádiva, e devemos sempre procurar fazer o bem.

— Essa parte entendi, fazer o bem e não prejudicar as demais pessoas, mesmo as que não conhecemos. Mas só isso é fazer a coisa certa, para o senhor?

— Guilherme, cada um tem a sua religião, eu sou cristão, aprendi desde cedo os valores dos ensinamentos do mestre Jesus Cristo e te digo que são uma das maiores verdades do mundo. Quem conhece e pratica os ensinamentos Dele sabe que a vida não é fácil, mas que Ele nunca nos deixa sozinhos. Sempre que possível, paro durante o dia, faço minha oração e penso um pouco nos ensinamentos do mestre. Assim meu dia fica melhor.

— Religião é um item que preciso melhorar no meu dia a dia, já que ouço muito e falo pouco sobre o que está acontecendo em meus pensamentos no tocante a isso. Acho que preciso voltar a ler a Bíblia ou qualquer outro livro que me explique os ensinamentos de Jesus.

— Guilherme, não pense assim, Jesus está em todos os lugares; se puder se conectar a Ele, já é uma vitória. Mas te aconselho, sim, a ler tudo que puder sobre os seus ensinamentos, já que têm mais de dois mil anos e continuam atuais.

— Sr. Gutierrez, o senhor é mais um que fala em Jesus, a fixação pelo certo começa com Ele?

— Guilherme, todos têm suas escolhas e escolher a religião como coisa certa na sua vida é uma das melhores decisões que tomamos. A vida tem o certo e o errado e sabermos o que é o certo para nós faz toda diferença.

— Sr. Gutierrez, eu sei que tenho muito que aprender sobre a vida, sei que errando também se aprende, mas, se puder evitar determinados erros, acho que nosso caminho será melhor.

— Claro, Guilherme, não tem ninguém perfeito neste mundo, por isso que temos que procurar fazer o certo, para evitar arrependimentos. Já leu o livro *Já esvaziou sua mala hoje?*

— Não, do que se trata?

— Esvaziar a mala, segundo o autor, é se libertar de mágoas, ódio, angústia e todos os sentimentos que nos fazem mal.

— Nossa, interessante, vou comprar e ler, pois sou das antigas e gosto de livro físico, e não digital.

— Você sabia, Guilherme, que muitas das doenças que temos hoje em dia são relacionadas aos nossos sentimentos?

— Como assim, Sr. Gutierrez?

— Um exemplo que li é que a solidão causa o diabetes, a obesidade vem com a insegurança, assim como alergias em pessoas nervosas, doenças respiratórias em pessoas que estão desesperadas e tantas outras que tem até algumas imagens que ficam circulando nas redes sociais sobre isso.

— Nossa, é verdade, precisamos todos aprender a esvaziar nossas malas, senão vamos ter doenças e isso não é bom. Sei que este mundo atual não é fácil, estresse, correria e tudo o mais, mas temos que ter um tempo para nós.

— Sim, vivemos uma vida de louco hoje em dia, não paramos, tudo é correndo. Se vamos trabalhar, é em um ritmo estressante, com tantas cobranças, na hora do almoço sempre correndo para fazer uma reunião ou ficar olhando as redes sociais e aplicativos, e não degustar a refeição com calma e prazer. Temos que dar um tempo em nossa vida, chega de estresse e correria.

— Nossa, Sr. Gutierrez, gratidão, além de um excelente cliente, a sua experiência de vida é um exemplo para seguir e é ótimo ouvir suas histórias.

— Guilherme, acho que a vida de todos é cheia de histórias e devemos sempre lembrar de todas possíveis, pois são aprendizagem, e isso não perdemos durante a nossa vida, guardamos cada uma.

— Já estava empenhado em prestar um serviço de primeira qualidade para suas empresas, mas agora vou me empenhar mais ainda, pode contar com isso.

— Agradeço, Guilherme, pois com pessoas como você posso abrir mais campos de negócios e agregar mais produtos ao meu portfólio. Com isso posso agradecer às pessoas que te indicaram com tanto respeito, pois devem ter sentido o mesmo empenho quando prestou serviços para eles.

— Procuro sempre dar meu melhor, fazer tudo da melhor forma possível e agradar meu cliente, prestando o serviço da melhor qualidade.

Os dois ficaram conversando ainda por mais alguns minutos, e Gutierrez pôde sair da empresa de Guilherme confiante de que seus negócios estavam na mão de um excelente profissional.

CAPÍTULO X

MELHORES RESULTADOS

Guilherme estava em casa curtindo a companhia dos pais, quando seus irmãos chegaram com os futuros cônjuges, como os pais chamavam os namorados dos filhos.

Guilherme ainda estava namorando Pamela, e a família a adorava, já que era sempre solícita e procurava conversar com todos. Renato já namorava Carla há algum tempo e estava pensando em casar-se, já vendo imóvel para comprar e pensando em uma futura data. Gabrielle também estava namorando Eduardo há quase três anos e também estavam com planos de casar-se logo.

— Nossa, fazia tempo que a família toda não ficava reunida aqui na mesa de jantar, cada um com seus compromissos e namorados — falou Guilherme.

— Sim, filho, a vida está passando rápido e temos que aproveitar esses momentos em família para que possamos viver momentos agradáveis. Não somos ricos, mas demos uma boa educação para todos e agora estão trabalhando e fazendo seus planos para o futuro, isso nos deixa cheios de orgulho — falou Ronaldo.

— Mãe, podemos pedir uma pizza e todos ficarmos em casa, para com toda a família podermos curtir um dia só nosso.

— Opa, adorei a ideia, vou ligar para a Pamela para ela vir para cá, vai adorar, pois ela fala bastante e adora vocês.

No início da noite a família toda se reuniu e como sempre conversaram sobre diversos assuntos. Pediram pizza e assim a noite ficou melhor ainda, boa companhia e comida de que todos gostavam, nada melhor.

Além do mais, era raro a família toda estar reunida, então todos queriam aproveitar o momento.

— Já que a família toda está aqui reunida, gostaria de falar sobre um assunto que eu e a Gabrielle decidimos, gostaríamos de aproveitar a ocasião — falou Eduardo.

— Marcaram o casamento, vai parar de enrolar minha irmã? — brincou Guilherme.

— Sim, marcamos, e tivemos que antecipar a data que tínhamos planejado inicialmente, porque eu recebi uma proposta para ir trabalhar no exterior, decidimos ir juntos — falou Eduardo.

— Que boa notícia, filha, estamos muito contentes, já que consideramos Eduardo como um filho também — falou Silvia.

— Mãe, olha pelo lado bom, além de casar-se com minha irmã, vai morar no exterior e teremos lugar para viajar nas férias — brincou Renato.

— Filha, estou muito contente, admiro a coragem de vocês de se aventurem no exterior, apoio a ideia — disse Ronaldo.

— Sempre ouvimos Guilherme falar de suas viagens quando trabalhava em cruzeiro marítimo e se ele teve coragem por que não termos também? É uma oportunidade única para Eduardo e a empresa vai nos ajudar com tudo para que possamos nos instalar lá na cidade de Hamburgo, na Alemanha — disse Gabrielle.

— Sim, vão dar todo o suporte para podermos ir, inclusive estão vendo uma colocação para Gabrielle em uma das empresas coligadas; como trabalhamos com informática aqui, lá será igual, só teremos que aprender um pouco de alemão, já que o inglês nós dominamos — falou Eduardo.

— Sempre agradeço a meus pais, que insistiram para estudássemos inglês, e olha que fugíamos quando dava, mas hoje vemos a importância de uma segunda língua — falou Renato.

— Filho, estudar é fundamental para ter uma boa vida, e aprender outros idiomas é melhor ainda. Ainda mais nos dias de hoje, quando está tudo conectado, e com isso podemos acompanhar melhor as novas expressões em inglês, principalmente, que vão sendo agregadas ao nosso idioma — falou Ronaldo.

— Pai, por isso que vamos antecipar nosso casamento para daqui a trinta dias, e dentro de noventa dias iremos para a Alemanha, vamos adiar nossos planos de festas e tudo mais, mas vamos fazer algo íntimo para as famílias e poucos amigos — falou Gabrielle.

— Filha, o importante é serem felizes e não perder essa oportunidade que Eduardo está tendo — falou Silvia.

— Sim, Dona Silvia, meu chefe falou que me escolheram porque estão acompanhando meu desempenho faz um tempo e estão muito contentes, por isso que me deram essa oportunidade — falou Eduardo.

— Eu estou muito contente por vocês, e não tenham medo, vão com a certeza de terem emprego, isso é fundamental para se darem bem no exterior — falou Guilherme.

— Sim, eu mesma quero ir viajar para o exterior e já até recebi alguns convites para fazer algumas campanhas, mas financeiramente não compensava; se receber uma que compense, pego o Guilherme e vamos embora também — brincou Pamela.

— Eu iria com certeza, adoro experiência de morar ou trabalhar no exterior, e agora que montei uma equipe confiável, posso trabalhar de lá e ainda trazer mais clientes para minha agência — falou Guilherme.

— Eu não sei se teria coragem, mas agora que vocês estão indo posso até mudar de ideia — falou Carla.

— Carla, parece um bicho de sete cabeças, outro país, outra língua e tudo mais, mas olha quantos se aventuram em mudar de país e nem dominam a língua, se arriscam assim mesmo — falou Guilherme.

— Eu concordo com a Carla, não tinha coragem antes, mas agora que minha irmã e futuro cunhado estão indo, poderia ir também em um futuro próximo — falou Renato.

— Filhos, sempre falei para vocês ficarem de olhos abertos para as oportunidades que a vida oferece. Não percam nenhuma, se arrisquem e saiam do traçado original. Não tenham medo de errar, é assim que aprendemos — falou Silvia.

— Aproveitando que todos estão aqui reunidos, gostaria de fazer uma pergunta para todos e que respondessem de forma sincera — falou Guilherme.

— Pensei que ia anunciar que ia casar também — brincou Gabrielle.

— Em breve, se a Pamela aceitar logo poderemos marcar a data — respondeu Guilherme.

— Demorou, não fez o pedido ainda porque não quis — falou Pamela.

— É que estava esperando os negócios estabilizarem e, graças a Deus, estou chegando ao nível que planejei — falou Guilherme.

— Minha resposta é sim, aceito; quando quiser marcar a data do casamento, é só me falar — brincou Pamela.

— Antes que a Pamela te leve embora, qual é a pergunta que quer fazer, Guilherme? — falou Renato.

— Estava conversando com um amigo outro dia e ele me sugeriu um exercício de perguntar o que as pessoas acham que é certo. Eu estava reclamando da minha vida e ele falou que assim iria descobrir o que é certo para cada pessoa e ver que muitos têm opiniões parecidas, mas não iguais — falou Guilherme.

— Entendemos, Guilherme, e qual é esta pergunta afinal? — questionou Carla.

— O que é fazer a coisa certa, para cada um de vocês? — indagou Guilherme.

— Fazer a coisa certa, na minha opinião, é seguir as normas vigentes no país, mesmo que não concordemos com todas. O mundo muda constantemente e devemos acompanhar essa mudança olhando tudo que acontece em nossa volta — falou Ronaldo.

— Concordo com o Ronaldo e além do mais sempre devemos seguir os ensinamentos do mestre Jesus, que nos deixou lições preciosas e simples para que todos tenhamos uma vida melhor e mais próxima de Deus — falou Silvia.

— Além disso, Silvia, temos que ter o nosso amor-próprio e a família sempre perto, pois acho que são coisas importantes que devemos ter — falou Ronaldo.

— Vocês nos ensinaram a ir à igreja e rezar, mas eu mesmo não lembro quando foi a última vez que fui em uma ou assisti uma missa — falou Guilherme.

— Guilherme, passamos nossos costumes para vocês, hoje são todos adultos, tomam suas decisões, não vamos obrigar ninguém a ir aonde não querem. Além do mais Deus está em todo lugar, é só pensar Nele — falou Silvia.

— Sim, e pode até tentar se enganar dizendo que não acredita e não pensa nele, mas nos momentos em que mais precisou com certeza pensou Nele sim — falou Ronaldo.

— Sim, não é questão de acreditar em Deus, e sim de viver em torno Dele ou dos ensinamentos de Jesus. No mundo atual hoje vemos que quase ninguém respeita nada do que a igreja ensina e todos só pensam em si mesmos — falou Guilherme.

— Discordo, o mundo pode estar mais egoísta sim, mas Deus com certeza continua sendo muito importante na vida de todas as pessoas, não importa qual o nome que dão para ele ou a religião que seguem, Deus é um só e vive em nós em todos os momentos de nossa vida — falou Silvia.

— Eu concordo com nossos pais, pois, mesmo não concordando com diversas leis de nosso país, temos que respeitá-las, e Deus continua sempre presente em minha vida — falou Renato.

— Renato, não é só isso, mesmo no centro espírita que frequento, Deus é importante, e os ensinamentos do mestre Jesus são fundamentais para nosso desenvolvimento espiritual — falou Carla.

— Como eu vou na igreja com nossos pais, e Eduardo também é católico, tudo ficou mais fácil. Acompanhamos o que o padre nos passa, com algumas coisas não concordamos, mas aprendemos a respeitar — falou Gabrielle.

— Sim, além disso, Gabrielle, acho que todo conhecimento é válido em nossa vida e podemos tirar proveito disso — falou Eduardo.

— Guilherme, parabéns, esse é um assunto de que todos participam e podem compartilhar sua opinião. Por isso que te amo — disse Pamela.

— Pamela, o Sr. Wellington, que você já teve o prazer de conhecer, é uma pessoa metódica e sempre centrada e que procura trazer o tio Gabriel para mais perto da realidade quando ele fica divagando, não se separam. Quando o tio enche o saco dele, fala: "francamente" — disse Guilherme. — Em uma conversa com ele, me trouxe esse assunto para me ajudar a desenvolver meus negócios. Então fui perguntando para diversas pessoas, e como falei: as respostas são parecidas, mas não são iguais.

— Sim, concordo com você, o que é certo para seu pai pode não ser para seus irmãos ou nós mesmos. Todos têm uma noção de certo e errado e é por isso que devemos respeitar a opinião dos demais e olhar o mundo de forma diferente das demais pessoas — falou Pamela.

— Sim, Pamela, ninguém pensa igual, nem dois gêmeos pensam, porque cada um tem a sua opinião e podem divergir, de forma que as opiniões são diferentes, mas não geram discussão — falou Eduardo.

— Sim, eu mesmo não concordo com o que alguns clientes do escritório de contabilidade em que trabalho fazem, sonegam, não pagam os empregados direito ou os encargos sobre a folha de pagamento, mas como profissional cabe a orientação e deixar que cada um decida o que é melhor em sua profissão — falou Carla.

— Sim, se todos formos olhar no nosso dia a dia, sempre vamos encontrar coisas com que não concordamos. É a mesma coisa sobre o que é certo, o que pode ser para mim pode não ser para o pai — falou Gabrielle.

— Sim, achei interessantes essas informações que o assunto trouxe, já que como espírita poderia ficar aqui falando do que não concordo com as outras religiões, mas aprendi a respeitar todas e isso é muito importante na minha vida, já que são ensinamentos que usamos todos os dias de nossa vida — falou Carla.

— Carla, você tocou em um assunto muito importante, o respeito à opinião das outras pessoas. Não podemos impor as nossas opiniões e nem acatar as das outras pessoas sem analisarmos se é certo ou errado — falou Eduardo.

— Exato, Eduardo, ninguém é obrigado a seguir as opiniões dos outros, vimos isso acontecer na pandemia, e vemos no nosso dia a dia, com as redes sociais e canais de televisão querendo impor alguns conceitos com que não concordamos. Não podemos ficar criticando sem analisar antes o assunto, mas tem alguns que querem nos enfiar goela abaixo, sem dó — falou Ronaldo.

— Sim, pai, por isso que hoje só uso as redes sociais para trabalho, não compartilho nada da minha vida. Assim procuro me proteger das opiniões negativas que algumas pessoas podem passar sobre um assunto sem importância — disse Guilherme.

— Sim, e isso serve de lição para todos, que tenham sua vida particular fora das redes sociais. Isso não agrega nada a ninguém — disse Silvia.

— Mãe, as redes sociais têm suas vantagens e desvantagens, por isso temos que ter cuidado e saber usar. Eu mesmo encontrei algumas pessoas que estudaram comigo na época do colégio e hoje mantenho contato pelas redes sociais. Tinha perdido o contato com elas e agora até nos encontramos para comer uma pizza e tomar um café. Isso é muito importante — disse Gabrielle.

— E aproveitando o assunto das redes sociais: temos que sempre aproveitar estes momentos em família e ver que as redes sociais não são tão necessárias assim nas nossas vidas — falou Carla.

— Sim, tem horas que esquecemos como é bom estarmos todos juntos e conversando, sem ficar olhando para o celular a toda hora. Tio Gabriel que faz isso, ele até esquece que tem e só usa em caso de extrema emergência. Ele fala que atrapalha a vida dele e que está ficando velho — falou Eduardo.

— Meu irmão é fogo, ele faz tudo do jeito dele e não se preocupa com a opinião dos outros. É tranquilo — falou Ronaldo.

— Minha família amada, mesmo eu sendo o porra-louca da família, é um prazer sempre estar com vocês e espero que, mesmo casando e cada um tocando sua vida, possamos ser unidos — falou Guilherme.

A família passou o resto da noite conversando e, como o futuro genro e as futuras noras iam dormir na casa, o assunto varou madrugada adentro.

Conversaram de tudo, desde a infância dos filhos, com Ronaldo e Silvia entregando alguns casos dos filhos, até o que planejavam para o futuro.

Momentos mágicos assim não tinham preço para Guilherme, ele passou a noite saboreando cada segundo e estava muito feliz.